Berthold Wulf · Maximen des Christentums

Berthold Wulf

Maximen des Christentums

Goethes religiöse Welterfahrung

Verlag Urachhaus Stuttgart

 Druck: Offizin Chr. Scheufele Stuttgart. Einband: Walter Krafft.
ISBN 3 87838 190 5

»Sehen Sie den Kindern aufmerksam zu ... Heften Sie Ihre Augen auf Handwerker ... Nun aber da ich Sie an die nächste Wirklichkeit hinweise, welche fast unwert schiene ... so sage ich noch: daß der Geist des Wirklichen eigentlich das wahre Ideelle ist.«

Goethe an die siebzehnjährige elternlose Leopoldine Grustner von Grußdorf, 1827

»Je älter ich werde, je mehr vertraue
ich auf das Gesetz, wonach die Rose
und die Lilie blüht.«

Goethe, Briefkonzept an Zelter vom 7. November 1829

»... höhere religiöse Gegenstände ... Ich höre noch die Worte ›Die Erbarmungen Gottes‹, wobei Goethe mit dem seelenvollsten Auge hinaufschaute, ein Himmel klärte sich in diesem Blick auf. Diese Worte ließen mich plötzlich die ganze Schönheit seiner echt frommen Seele gewahr werden; es ist mir dieser Blick, diese Worte, die alles höchste aussprechen, ein Schatz geworden für mein ganzes kommendes Leben.«

Jos. Stanislaus Zaupers Tagebuch, Marienbader Gespräche vom 19. und 20. Juli 1823

Vorwort

Die Kunde von der Geburt, dem Leidenstod, der Auferstehung und Offenbarung Jesu Christi weht durch die Welt wie die atembare, mit Leben begnadende Luft. Das muß dem gegenwärtigen Menschenbewußtsein, das sich doch fast ausschließlich auf die Sinneswahrnehmung und das Finden von Gedanken und Urteilen darüber stützt, wie ein Wunder erscheinen. Das Christentum kann nicht allein durch gedankliche Logik erschlossen und gewonnen werden, noch weniger ist es der Sinnesbeobachtung zugänglich. Die historischen Urkunden und Quellen über seine Entstehung sind von so geringer Zahl, daß es als eine der am wenigsten begründbaren und gesicherten Tatsachen gelten muß.

Und doch hat das Christentum gewirkt und wirkt weiter, hat ganze Zeitalter erfüllt, Kulturen hervorgebracht, Geschichte bewegt, Großreiche wie das römische Imperium gestürzt und Großreiche begründet, hat Völker durchbebt und die einzelne Menschenseele in der Klosterzelle mit seiner Wahrheit erschüttert. Das Christentum hat trotz mancher tragischer Verirrungen, die den Weg seiner irdischen Verwirklichung begleiteten, das rein Menschliche zur Offenba-

rung gebracht, so daß die größten Geister der Menschheitsgeschichte sich immer wieder darauf als auf die eigentliche Quelle ihres Menschseins beriefen. Wie konnte das zugehen?
Offenbar gibt es verborgene Strömungen außerhalb der irdischen Wahrnehmung und des Gedankenurteils, die hin und wieder in die menschliche Erfahrbarkeit gelangt sind und die Seelen zutiefst ergriffen haben. Wir kennen bis in die heutige Zeit davon unzählige Zeugnisse. Eine geheime Verwandtschaft und Anziehungskraft besteht zwischen dem Menschentum und dem Christentum. Goethe, auf dessen Menschlichkeit und reife, gütige Welterfahrung wir in den folgenden Kapiteln noch oft zurückkommen wollen, war zeit seines Lebens davon überzeugt und berührt. Ein Jahr vor seinem Tode äußerte er Eckermann gegenüber: »Die magische Wirkung, die von seiner (Christi) Person ausgeht, so daß die Gesunden ihm anhängen und die Kranken sich geheilt fühlen, seine Gewalt selbst über die Elemente ... alles dieses ... erscheint dämonischer Art«, wobei das Dämonische nicht im Sinne des Bösen von Goethe verstanden wird, sondern noch im ursprünglich-griechischen Wortsinn als die Geistkraft, die außerhalb der irdischen Sinneserfahrung und der ihr zugehörigen Gedanklichkeit wirkt. Ein Zeitgenosse berichtet von Goethes Christusergriffenheit: »So sei er auch einmal, erzählt Ottilie (Goethes Schwiegertochter), auf die Herrlichkeit Christi zu reden gekommen und habe sie immer ernster, immer feuriger, mit immer wachsender Rührung gepriesen, bis er in einen Tränenstrom ausbrechend hinausgegangen sei« (D. Mejer). Nach Goethes Tod schreibt Otti-

lie (an B. R. Abeken): »Ich habe fünfzehn Jahre mit meinem Schwiegervater zusammengelebt, mit einem jungen, warmen, törichten Herzen, mit einer großen Dosis Phantasie und ebensoviel Unvernunft, und nie habe ich auch nur einmal gefunden, er sei kalt oder gar herzlos – er stellte sich immer auf den Standpunkt des anderen, und so war er mild verstehend und bei Irrtümern erbarmend ... Ein Hauptzug meines Vaters war, daß er ganz neidlos: auch nicht vorübergehend, nie sah ich eine Spur davon, nur reine Freude und Anerkennung empfand er, wo ihm Großartiges entgegentrat, ja die Tränen traten ihm vor Bewunderung in die Augen. So habe ich ihn auch von Christus sprechen sehen – wollen Sie es Andacht nennen, Verehrung, Anbetung, ich kann hinzufügen: wenigstens hat wohl niemand je der Erfüllung seiner Lehre mehr nachgestrebt; wie war sein Handeln echt christlich, fromm und mild, vergebend, wohltätig, stets für andere wirkend, dem Höchsten nachstrebend.«
So nahe wohnen wahre Menschlichkeit und Christentum beieinander, jene aus diesem hervorgehend. »Mild, vergebend, wohltätig, stets für andere wirkend«, das sind die menschengemeinschaftlichen Früchte des Christentums. Sie sind ein Wunder, das von keiner gedanklichen Gesetzmäßigkeit abhängig ist, noch weniger allein durch sie wahrgenommen werden kann.
Dem die Menschheit belebenden und heilenden Christentum werden die folgenden Kapitel gewidmet sein, indem seine Grundtatsachen unbefangen angeschaut werden sollen, um dann – wo möglich – ein Bild seiner spirituellen Größe als notwendige Hilfe

für das Menschsein wiederzugewinnen. Dabei wird es erforderlich sein, ein Verständnis des nachtodlichen und vorgeburtlichen Daseins des Menschengeistes zu entwickeln.

I. Der Tod, die Auferstehung und die Offenbarung Jesu Christi

»... Und sie konnten niemandem etwas sagen, so fürchteten sie sich«.

Die qualvollen Leiden, der Kreuzestod, die österliche Auferstehung und die wachsende Offenbarung Jesu Christi sind die Quellen und der Gehalt des Christentums. Von ihnen berichten die Evangelien. Die Grundzüge dieser Berichte dürfen als genügend bekannt vorausgesetzt werden, nicht aber jene Seelenstimmung früher Christen, die in der zu Ende gehenden Osternacht aufblühte und ihren Ausdruck in dem Ruf gefunden hat: »Christus ist auferstanden – er ist wahrhaftig auferstanden!« Eine solche innere, jubelnde Gewißheit: Der, der in dem Grabe lag, liegt nicht mehr dort – das leere Grab ist die eine Erfahrung und das freudvolle, Seligkeit empfindende Herz die andere –, beruht auf einer inneren Logik, einem inneren Zusammenhang. Das leere Grab und das erfüllte Menschenherz – wenn diese beiden Erfahrungen am Ostermorgen sich einstellen, dann muß man doch denken: Der, der in dem Grabe ruhte, ist in das Menschenherz hinein auferstanden; wie könnten sonst zwei so unterschiedliche Erfahrungen zusammengebracht werden!
Viele Christen empfanden durch die Jahrhunderte den rätselhaften Zusammenhang zwischen dem leeren

Grab und der veränderten, erfüllten Menschenseele. Dieses Rätsel nimmt Bildcharakter an: Die Gestalt des Auferstandenen, wie sie die Evangelien schildern, steht zwischen dem leeren Grab und dem vollen Herzen. Aus diesem Bild quillt die Erfüllung des Menschseins, es war und ist die eigentliche Urerscheinung des Christentums.

Aber wie wurde jener Ostermorgen der Weltgeschichte erlebt, damals in Jerusalem, als das entsetzliche Leiden Jesu vorüber, dieses erleuchtete, hohe Erdenleben nach dem Schmachtod erloschen war in die bedrükkende Sabbatstille? Niemand von den Menschen wußte, was sich eigentlich ereignet hatte, und niemand wußte, was kommen würde. Für die Ereignisse fehlte alles Menschenverständnis; die Gedanken und Begriffe, die uns eine Wahrnehmung erhellen, waren noch nicht ausgebildet. Wohl kannte man die Kreuzigung von Menschen, Missetätern, nach der grausamen Gepflogenheit damaliger Strafvollzüge, aber doch nicht unter diesen Umständen und begleitet von solchen seltsamen Erscheinungen: ein unschuldiger Mensch, groß in der Verkündigung und als Heiler, am Kreuz; der Sabbat steht unmittelbar bevor, der Jubel großer Menschenkreise am Sonntag zuvor schlägt um in den Haß desselben Volkes; unter Erdbeben und Sonnenfinsternis manifestiert sich die übersinnliche Welt der Toten und Engel.

Dann kommen Frauen und einige Jünger zum Grabe; sie finden es leer, eine Geistgestalt erscheint und spricht sie an. – Alles ist Rätsel. Die Begriffe fehlen. Was dann geschieht, ereignet sich immer, wenn eine bedeutende Wahrnehmung plötzlich in den Sinnesbereich gelangt, wofür die Begriffe noch nicht ausgebildet sind: Die Wahrnehmungen dringen zu tief durch die Sinne in den Leib, so daß das menschliche Geistwesen mehr oder weniger aus dem Leib herausgedrängt wird. Schreck und Entsetzen sind die natürliche Folge. Der Evangelist Markus sagt die Wahrheit, wenn er schreibt: »... und sie konnten niemandem etwas sagen, so fürchteten sie sich« (16,8). Das Entsetzen verschlug ihnen die Sprache.

Das aber war der Beginn des Christentums: eine zunächst unbegreifliche Erscheinung, von keinem Gedanken beeinträchtigt, der die unmittelbare Anteilnahme gehindert hätte, eine Erscheinung, die sich als Wirklichkeit und Wahrheit durch Furcht und Ehrfurcht in der Menschenseele bezeugt. Das Hineingestelltsein in ein unmittelbares Geistgeschehen erweckte Furcht. Noch ahnten jene Menschen bloß, daß sie aus ihrem Menschsein herausgehoben wurden in eine übernatürliche Wirkenssphäre. Es vollzog sich an ihnen etwas, das sie in seiner gewaltigen Dimension zunächst weder dem Guten noch dem Bösen zuordnen konnten. Erst als das Entsetzen wich, vermochte sich die Furcht in Ehrfurcht zu verwandeln, die das Göttliche zwar nicht umfaßt, aber als solches wahrnimmt.

Unzählig sind die Beispiele und Zeugnisse dafür in der christlichen Geschichte des Abendlandes, die sich nicht allein auf die Kirchengeschichte beschränken. – Goethes unmittelbares Empfinden suchte immer wieder, sich dieser Urtatsache des Christentums zu nähern. Seine »hohe Scheu« – damit war in der Antike der Begriff der Religion ausgedrückt – vor dem göttlichen Leiden ließ in seinem Lebensroman »Wilhelm Meister« eine Erziehungsstätte für junge Menschen erstehen, an der Ehrfurcht das bildende Grundprinzip ist. Eine besondere Verehrung ist dem Leiden zu erweisen, denn »alles Leiden hat etwas Göttliches« (Goethe zu Riemer, 26. Juni 1810). Die höchste Verehrung aber muß dem Göttlichen dort zuteil werden, wo es sich selbst in der Passion offenbart. Die Leiden Christi sind so tief, so hoch die Auferstehung ist, so daß menschliches Verstehen demgegenüber zunächst seine Unzulänglichkeit empfinden muß. Wilhelm Meister wird in eine Galerie geführt, in welcher Bildgleichnisse die Inhalte des Alten und Neuen Testamentes den zu Erziehenden zur Anschauung bringen. Auf seine Frage: »Habt ihr denn auch, so wie ihr das Leben dieses göttlichen Mannes als Lehr- und Musterbild aufgestellt, sein Leiden, seinen Tod, gleichfalls als ein Vorbild erhabener Duldung herausgehoben?«, wird ihm zur Antwort: »Hieraus machen wir kein Geheimnis; aber wir ziehen einen Schleier über diese Leiden, eben weil wir sie so hoch verehren. Wir halten es für eine verdammungswürdige Frechheit, jenes Martergerüst und den daran leidenden Heiligen dem Anblick der Sonne auszusetzen, die ihr Angesicht verbarg, als eine ruchlose Welt ihr dieses Schauspiel aufdrang, mit diesen tiefen Geheimnissen, in welchen die göttliche Tiefe des Leidens verborgen liegt, zu spielen, zu tändeln, zu verzieren und nicht eher zu ruhen, bis das Würdigste gemein und abgeschmackt erscheint.« Goethe hatte die berechtigte Sorge, das intellektuelle Tagesbewußtsein dürfte sich nicht zu früh und zu wenig vorbereitet mit diesem tiefsten Mysterium befassen, damit der Mensch die Anteilnahme

genügend üben könne, die ihn erst im wesentlichen den andern Menschen und der Umwelt verbindet.
Die trotzdem notwendige gedankliche Verarbeitung jener Urerscheinung des Christentums begann erst lange nach deren Beginn und wird währen, solange Menschen denken können. Die Leiden und die Auferstehung Christi sind für den unzulänglichen Verstand nicht auszuschöpfen. Hier mag eine entscheidende Ursache dafür liegen, daß das Christentum sich so kulturschöpferisch erwiesen hat; denn »das Unzulängliche ist produktiv«.*
Aus intensivster Anteilnahme, die sich zuerst in Furcht und Ehrfurcht äußern muß, quellen das Heil und die Kultur der Menschenseele, jene wachsende österliche Gewißheit, die aus dem Rätsel geboren wird.

Die rätselhaften Begebenheiten nach der Auferstehung

Die Gewißheit wächst langsam. Zunächst fordert Furcht die menschliche Anteilnahme heraus; das Rätselvolle und Ungewöhnliche der folgenden Begebenheiten hält die Anteilnahme fest und bewegt sie unaufhörlich. Denn ist es zu verstehen, daß der Auferstandene das Grab verlassen hat, keinen sterblichen Leib an sich trägt, mitten unter die Jünger bei ver-

* »Ich schrieb meine Iphigenia aus einem Studium der griechischen Sachen, das aber unzulänglich war. Wenn es erschöpfend gewesen wäre, so wäre das Stück ungeschrieben geblieben ...« (Goethe zu Riemer, 20. Juli 1811).

schlossenen Türen tritt, seine Wundmale zeigt und schließlich Fisch und Honigseim ißt (Luk. 24,40–43)? Doch haben es die Jünger gesehen und bezeugen es, und es gibt keinen anderen Grund, ihr Zeugnis zu bezweifeln, als das Vorurteil, daß keine neuen Erfahrungen als die schon immer dagewesenen, gewöhnlichen möglich seien. Auch bei diesen Begebenheiten setzte die gedankliche Verarbeitung sehr viel später ein, sie geschieht im Sinne des Bewußtwerdens erst heute.

Wir wollen das anfängliche Verständnis dieser Erscheinungen nicht darlegen; denn der Gedanke hat zweierlei Grundeigenschaft: Er verbindet den Denkenden mit der Erscheinung und hält sie doch zugleich von ihm in gehöriger Distanz, weil sonst keine Erkenntnis möglich ist. Daß man nur erkennt, was man auch denken kann, ist eine tägliche Erfahrung. Wir gehen blind an Erscheinungen vorüber, für die wir keine Begriffe bilden können. Der Wissende sieht mehr, hat reichere Wahrnehmungen als der Unwissende. Das Denken verlieren, heißt schließlich auch die Wahrnehmungen nicht mehr verwirklichen. Der Gedanke hält die Wahrnehmung in der Entfernung. Das Gesehene, das Gehörte, alles Wahrzunehmende würde die Menschenseele viel zu tief ergreifen, Besitz nehmen von ihr, unmittelbar in ihr wirken, wenn nicht der Gedanke durch kühle Distanzwirkung gleichsam das Wahrzunehmende dem Menschen »vom Leibe hielte« und dadurch die Erklärung erst ermöglichte, wie altorientalische Weisheit sagt: »Klar sieht, wer von ferne sieht, nebelhaft, wer Anteil nimmt.« Diese letzte Eigenschaft des Gedankens hat jedoch oftmals die Tendenz, die Distanz zu groß ausfallen zu lassen. Darum hat wohl auch Goethe, der ein ganzes Leben in inniger Anteilnahme allen Erscheinungen gegenüber verbrachte, die allzu strenge philosophische Reflexion von sich ferngehalten: »Soviel Philosophie, als ich bis zu meinem seligen Ende brauche, habe ich noch allenfalls im Vorrat, eigentlich brauche ich gar keine ...« (zu Kanzler von Müller, 16. Juli 1827).

In den ersten christlichen Jahrhunderten waren kühle, distanzierte Reflexionen ganz gewiß nicht die vorherrschende Seelenstimmung. Intime Erfahrungen der Christusbegegnung keimten und reiften in den Menschenseelen. Der verschwiegene Umgang mit dem Auferstandenen gewährte eine Innigkeit, die wohl nur in seiner Nähe möglich ist. Davon berichtet gleich am Anfang die Apostelgeschichte des Lukas: »... und er ließ sich sehen unter ihnen vierzig Tage lang und redete mit ihnen vom Reich Gottes«. Erhöhte seelische Zustände, wahre Hochzeiten der inneren Erhebung müssen es gewesen sein, wobei sicher auch äußerlich eine Bergeshöhe, auf welcher sich die Geistbegegnungen ereigneten, mitgemeint war. Dabei haben die Erinnerungen an gemeinsam Erlebtes während des Erdenwandels Jesu mitgewirkt. Goethe sagte einmal im Alter, daß die Erinnerungen sich »wie glänzende Genien« auf goldenen Berggipfeln niederlassen.

Der Geist Christi war vierzig Tage und vierzig Nächte nach dem ersten Ostertage der Menschheitsgeschichte erlebbar. Dann erlosch diese Zeit dem Bewußtsein. Auf Seelenhöhen mußten Seelentiefen folgen. Erst das Licht des Berges verlassend, durch die Schatten der Talsohle wandernd, erreicht man neue Höhen. Auch die Jünger mußten das durchleiden, denn nachdem der Auferstandene zu ihnen gesprochen und sie gesegnet hatte, entschwand er ihrem Bewußtsein. Dies geschah zur Zeit der Himmelfahrt Christi.

Wenn nun der Auferstandene hinweggegangen ist am Tage der Himmelfahrt – und die Menschen sollen das in jedem Jahr immer wieder neu unmittelbar erleben –, kann es sein, daß man sich hilflos umschaut, um in der Welt ein Gleichnis zu suchen, das dieser großen Erfahrung entfernt gleichkäme. Wieder ist es nicht der Gedanke, den die Anteilnahme fordert, sondern eine der Erscheinung ähnliche Wahrnehmung, um die Seele darauf zu stützen; sagt doch Johannes in seinem ersten Brief gleich zu Anfang: ». . . das wir gehört haben, das wir gesehen haben mit unseren Augen . . . das unsere Hände betastet haben . . .«; und wieder ». . . was wir gesehen und gehört haben, das verkündigen wir euch . . .« Nicht: was wir verstanden haben.

Die Trauer am Karfreitag, die sprachlose Furcht in der Osterfrühe, das Empfinden des Geistverlustes am Himmelfahrtstage, das sind die großen Stationen unmittelbarer Anteilnahme der Menschenseele.

Gibt es eine Erscheinung in der sichtbaren Welt, die der Auferstehung Christi, wenn auch nur ganz entfernt, ähnlich ist? Denn eine solche müßte es geben, hat doch die Auferstehung in dieser einen Welt stattgefunden und gehört zu ihr. Aus dem Logos ist die Welt hervorgegangen, als seine Emanation ist sie Wesen von ihm. So ist es nicht denkbar, daß ein Teil des Ganzen sowohl mit einem anderen Teil als auch mit dem Ganzen völlig unähnlich sei.

Es bieten sich verschiedene Bilder der sichtbaren Natur an, in denen die Todesüberwindung ihr Gleichnis findet. Seit der Antike ist die eindrucksvolle Metamorphose der Raupe zur Puppe und zum Schmetterling ihr bedeutendstes. Die Raupe, die sich oftmals wegen des Körperzuwachses häuten muß, spinnt sich am Ende ihrer Tage nach den Lichtgesetzen des Kosmos, den Bewegungen der Sonne ein. Sie ruht im Sarkophag der gezeichneten Puppe wie eine bemalte ägyptische Mumie. Nach Wochen durchbricht der Falter seinen »Sarg«, taufrisch und von verjüngter Schönheit, völlig unähnlich der Raupe steigt er in die Sommerwelt auf. Ein eindrucksvolles Bild der Todesüberwindung und der verwandelten erdenschweren Gestalt: zuerst Substanzanreicherung und mehrfache Häutung, dann ruhend im Seidenkokon, in dem Gewebe der Lichtgesetze, dann der Aufstieg in die nachtodliche Welt. Dies ist ein vollkommen wahres und christliches Bild für die menschliche Todesüberwindung! Für die Auferstehung Jesu Christi erscheint es jedoch nicht als hinreichend. Und wieder sucht man in der Natur nach einem weiteren Bild der Auferstehung.

Die wachsende Offenbarung Jesu Christi

Es ist eine überraschende Erscheinung, welche die Anteilnahme des menschlichen Gemütes hervorruft, wenn man an einer Felswand oder einer Mauer Pflanzenwuchs, zuweilen auch ein Bäumchen gewahrt. Noch überraschender ist der Eindruck, wenn das Samenkorn eines Baumes aus einem Spalt einer Asphaltdecke seinen Trieb hervorbrechen läßt. Welche Kräfte des Lebens in geduldigem Wachstum sind in der Lage, durch den toten Stein zu brechen!

Das Samenkorn quillt, wenn es keimt. Diese Kraft haben sich die Menschen zunutze gemacht, ehe der Sprengstoff bekannt war. Sie haben mit quellenden Samen in den Steinbrüchen Steine abgesprengt. Trokkene Eicheln wurden in die Felsenrisse geschüttet und die Samen dann durch Wasser quellen gemacht, bis das Gestein brach. Dasselbe vermag das Samenkorn in seinem geduldigen Wachstum.

Wenn nun diese in der Zeit langsam ausgedehnten Wachstumskräfte in einen einzigen Augenblick zusammengerafft würden, dann wäre eine Erscheinung ähnlich der Steinbrechung durch die Quellkraft denkbar. Das Denkbare jedoch ist einmal in der Geschichte hervorgetreten: in der Auferstehung Jesu Christi. Sie ist eine Erscheinung, die es in der Natur weder gab noch gibt. Sie ist übernatürlich und doch der Natur verwandt. Sie ist kein Wunder gegen die Gesetze der Natur. Die Auferstehung wächst über die Natur hinaus und ist denkbar, wie auch das Denken – erübt an den Naturerscheinungen – über diese hinauswachsen kann.

Das Ereignis der Osterfrühe ist das Urbild plötzlich zusammengerafften Lebens und Wachsens. Lebenskräfte, die ruhevoll-geduldig im Wachstum wirkten und wirken, erschienen in einer einzigartigen Offenbarung, die nie vorher da war, in welcher das Wachstum alles Lebendigen doch seinen Ursprung und sein Ziel hat. Die Auferstehung Christi ist *das* Urphänomen des Lebens. Von allen Bildern der Natur gleicht das keimende Samenkorn, aus dem die Pflanzengestalt sich gegen den Himmel emporreckt, diesem Urphänomen am meisten. Die menschliche Seele fühlt in diesem Bilde den Halt, dessen sie bedarf, wenn sie alljährlich im Frühling nach der Osterzeit den Verlust Christi miterlebt, der am Himmelfahrtstage sich dem menschlichen Bewußtsein entzieht. Dann kann es sich hilfesuchend zur Erdennatur zurückwenden, die ihm in den Bildern keimender Samenkörner und des vielfältigen Wachstums entgegenkommt.

Es war um die Himmelfahrtszeit des Jahres 1787. Goethe befand sich in Italien. Zum Studium der antiken Vergangenheit gesellte sich lebendigstes Interesse für die Pflanzenwelt. Das bildende Prinzip aller Pflanzengestaltung von der Keimung bis zur Samenbildung der Blüte bewegte Goethes anschauendes Ideenvermögen. Warum liebt das Gemüt denn die Pflanzenbildung? Todüberwindendes kommt in ihr zum Ausdruck. Erkennt sie dann sein bildendes Gesetz, so gewahrt die Menschenseele in ihm die Gegenwart des Lebendigen, Todüberwindenden, das vom Urbeginn her der Schöpfung eingeboren ist. Darum die Freude Goethes bei der Entdeckung dieser Lebensurbildung. Am 8. Juni 1787 schrieb er an Frau von Stein: »Sage Herdern, daß ich dem Geheimnis der Pflanzenzeugung und Organisation ganz nahe bin ... Die Urpflanze wird das wunderlichste Geschöpf von der Welt über welches mich die Natur selbst beneiden soll. Mit diesem Modell und dem Schlüssel dazu kann man alsdann noch Pflanzen ins Unendliche erfinden, ... dasselbe Gesetz wird sich auf alles übrige Lebendige anwenden lassen.« Die Welt der Möglichkeit des Lebendigen über das schon wirklich Gewordene hinaus keimte in Goethes Geistesanschauung: Die Gestaltungskraft ist viel reicher als alles schon von ihr Gebildete. Merkwürdige Vergleichungen können dabei aufsteigen: Die Evangelien sind die Gebilde der Lebenskraft Christi. Aber sind sie die allein möglichen? Kann die Offenbarung dieser Lebenskraft in ihrer Fülle nicht weiterschreiten? Wer vermag die Offenbarung des auferstandenen Lebendigen für abgeschlossen, für erschöpft erklären? Johannes sagt doch selber am Schluß seines Evangeliums (21,25): »Es sind auch viele andere Dinge, die Jesus getan hat; sollten sie eines nach dem andern geschrieben werden, achte ich, die Welt würde die Bücher nicht fassen, die zu schreiben wären.« Und der Auferstandene wird doch noch Unendliches fortan tun!

Aber man muß die Taten des Auferstandenen, die Offenbarungen des Lebendigen anschauen lernen und nicht zu früh darüber denken. So äußerte Goethe noch im höchsten Alter über den Gestaltwandel des Lebendigen: »Man darf die Grundmaxime der Metamorphose nicht allzu breit erklären wollen; wenn man sagt, sie sei reich und produktiv wie eine Idee, ist es das beste. Man muß sie lieber an einzelnen Beispielen verfolgen und anschauen. Das Leben kehrt ebensogut in der kleinsten Maus wie im Elefantenkoloß ein und ist immer dasselbe: so auch im kleinsten Moos wie in der größten Palme« (F. v. Müller, 2. Juli 1830). Man muß auch das Evangelium Christi geduldig anschauen lernen. Das aber ist schwer; ... denn wie war es damals, als Goethe seinem großen Zeitge-

nossen und späteren Freund Friedrich Schiller die Anschauung des Lebendigen in der »symbolischen Pflanze« darstellen wollte? Goethe erinnerte sich dessen in seiner Aufzeichnung »Glückliches Ereignis« (von 1817); denn das war die schicksalshafte Begegnung mit Schiller: »Wir gelangten zu seinem Hause, das Gespräch lockte mich hinein; da trug ich die Metamorphose der Pflanzen lebhaft vor und ließ, mit manchen charakteristischen Federstrichen, eine symbolische Pflanze vor seinen Augen entstehen. Er vernahm und schaute das alles mit großer Teilnahme, mit entschiedener Fassungskraft; als ich aber geendet, schüttelte er den Kopf und sagte: ›Das ist keine Erfahrung, das ist eine Idee.‹ Ich stutzte, verdrießlich einigermaßen; denn der Punkt, der uns trennte, war dadurch aufs strengste bezeichnet. Die Behauptung aus Anmut und Würde fiel mir wieder ein, der alte Groll wollte sich regen; ich nahm mich aber zusammen und versetzte: ›Das kann mir sehr lieb sein, daß ich Ideen habe, ohne es zu wissen, und sie sogar mit Augen sehe.‹« – Das Geistige mit Augen sehen, das ist's; denn es ist dasselbe Geistige, das den Gedanken und den Sinnen zugrunde liegt, das in der Auferstehung Christi und in der Keimkraft im Pflanzenreich sich offenbart.
Aber stimmt denn das Bild auch wirklich? Stieg die keimende Samenkraft der Auferstehung felsenbrechend durch die Erde? – Wir lesen in den Evangelien, daß in jenen Tagen ein Erdbeben stattfand. Die Gräber taten sich auf. Wir haben zeitgenössische Berichte darüber, daß in Jerusalem zwischen dem Zions- und dem Tempelberg auf der Schlucht, die König Salomon zuschütten ließ, großer Schaden entstand, daß sich der

Lauf des Jordans und die Uferlinien des Galiläischen Meeres veränderten. »Das dem Herzen Jesu eingeprägte Samenkorn« (ein mittelalterliches Wort aus rosenkreuzerischer Tradition) fing an zu keimen und brach wachsend und die Erde erschütternd durch das tote Gestein. Wie ein Baum wuchs Christi Offenbarung gen Himmel ...

Lebenskräfte quellen und wachsen aus der Auferstehung Christi. Sie neigen sich nicht nieder aus den Höhen, regnen nicht aus den Himmeln. Sie wachsen aus der Erde, selber ein Stück Erde. Man muß es gesehen haben und immer wieder einmal sehen: Die starken Wurzeln eines Baumes sind wie Erde, dasselbe, und doch nicht ganz dasselbe. Sie stülpen sich heraus aus der Erde und erheben sich über sie, werden ganz anders, werden Stämme, Zweige und Blätter mit dem vielfältigen, flächigen Goldengrün. Niemand sieht ihnen nun die Verwandtschaft mit der Erde mehr an. Und doch sind sie aus der Erde. Aber sie offenbaren die Erdentiefen allein nicht mehr. Sie offenbaren die Höhen, denn diese haben die Baumkronen aus der Erde gebildet.

Eindrucksvoll hat das Bild eines mächtigen alten Baumes immer auf die Gemüter der Menschen gewirkt. Seinen Schatten suchte man. Unter ihm fühlte man etwas von der sich verwandelnden Offenbarung, wie sie aufsteigend von der Erde zu den Höhen sich verändert. Der Geist der Verwandlung sprach aus dem Baumwachstum. Und Christi Offenbarung emporwachsend aus der Erde seit dem Tage der Auferstehung ist dem Wachstum der Bäume ähnlich.

Vierzig Tage und vierzig Nächte raunte und sprach

Dr. THEO FEIX

Beratungsstelle Pflanzenschutz
Weinbau

CIBA—GEIGY
AKTIENGESELLSCHAFT

die »Baumoffenbarung« zu den Menschen (Apg. 1,3). Schon vor der Erscheinung des Christentums auf Erden wußten alte Mysterienkulturen von ihr: so die »Edda«, wenn sie von der Weltenesche Yggdrasil kündet, so die altindische Kultur, wenn sie davon spricht, daß die Veden, die heiligen Weisheitslehren der Vorzeit, auf den Blättern des Veda-Baumes zuerst gefunden worden seien und erst viel später auf die Blätter der Bücher abgeschrieben wurden. Aus der Keimkraft der immerwachsenden Baumoffenbarung Christi stammen die Mysterien des Christentums, die Lehren des Auferstandenen und die Sakramente seiner Kirche, gereift in dem menschenfreundlichen, durch das Laubgrün gefilterten Licht Gottes, welches ohne die Offenbarung Christi dem Menschen in seiner naturgemäßen Schwachheit nicht zuträglich sein würde; denn »Gott wohnt in einem Licht, da niemand zukommen kann ...« (1. Tim. 6,16).

Seit der Auferstehung Christi und seiner immerwährenden wachsenden Offenbarung kann man wissen, daß Wachstumskräfte Himmelskräfte auf Erden sind.

Sie entwickeln sich in geduldiger, ruhiger Evolution. Ruhig und stetig wie das wachsende Bild der Pflanze:

»... Knoten auf Knoten getürmt, immer das erste Gebild.
Zwar nicht immer das gleiche; denn mannigfaltig erzeugt sich,
ausgebildet, du siehst's, immer das folgende Blatt ...«

So sah Goethe, der Gärtner, die Bildgestaltung der Himmelskräfte auf Erden und sprach sie aus in seiner »Metamorphose der Pflanzen«. Spontane Revolutionen sind nicht solchen Geistes. Durch dieses ruhevolle und doch ganz lebendige, lebenslange Anschauen des Pflanzengestaltenwandelns hatte Goethes gelassene, sich wie lebendiges, geduldiges Wachstum entwikkelnde Lebens- und Geistesart selber etwas vom Charakter oben beschriebener Baumoffenbarung.

Oft haben es die Menschen bemerkt und zuweilen erschüttert Zeugnis davon abgelegt, wenn sie sich wie unter seiner Baumkrone versammelten: »Wir lauschten aufmerksam jedem Wort, das dem teuren Munde beredt entquoll, und waren möglichst bemüht, durch Gegenrede und Einwurf immer lebendigere Äußerungen hervorzulocken. Es war, als ob vor Goethes innerem Auge die großen Umrisse der Weltgeschichte vorübergingen, die sein gewaltiger Geist in ihre einfachsten Elemente aufzulösen bemüht war. Mit jeder neuen Äußerung nahm sein ganzes Wesen etwas Feierliches an, ich möchte sagen, etwas Prophetisches. Dichtung und Wahrheit verschmolzen sich ineinander, und die höhere Ruhe des Weisen leuchtete aus seinen Zügen. Dabei war er kindlich mild und teilnehmend, weit geduldiger als sonst in Beantwortung unserer Fragen und Einwürfe, und seine Gedanken schienen wie in einem reinen ungetrübten Äther gleichsam auf und nieder zu wogen.

Doch nur allzurasch entschlüpften so köstliche Stunden. Laßt mich, Kinder, sprach er, plötzlich vom Sitze aufstehend, laßt mich einsam zu meinen Steinen dort unten eilen; denn nach solchem Gespräch geziemt dem alten Merlin, sich mit den Urelementen wieder zu befreunden. Wir sahen ihm lange und frohbewegt nach, als er, in seinen lichtgrauen Mantel gehüllt, feierlich ins Tal hinabstieg, bald bei diesem, bald bei jenem Gestein oder auch bei einzelnen Pflanzen verweilend und die erstern mit seinem mineralogischen Hammer prüfend. Schon fielen längere Schatten von den Bergen, in denen er uns wie eine geisterhafte Erscheinung allmählich verschwand« (F. v. Müller, 29. April 1818).

Das Moralische – eine Frucht vom Baum der Offenbarung

Die mythische Bilderweisheit des Alten Testamentes berichtet von einem Frühstadium der Entwicklung der Erde als von einem Garten, dem Paradies, in welches die Urbilder des Natürlichen und Geistigen gepflanzt waren: der Baum des Lebens und der Baum der Erkenntnis. Die Folgen des Genusses vom Baum der Erkenntnis bewirkten das Entschwinden der Gotteswelt des Paradieses und das Heraufdämmern der sichtbaren Erdenwelt. Eindrucksvoll schildert die Bibel die Austreibung des ersten Menschenpaares aus dem Paradies. Aber dieser Weg der Menschheit mußte nicht nur als Strafe für eine erste Untat gegangen werden, er war auch notwendig aus einem ganz anderen, sogar zunächst geheimnisvollen Grunde, der nur in einem Satz in der Erzählung vom Sündenfall angedeutet wird: Und der Herr sprach: ». . . Nun aber, daß er nicht ausstrecke seine Hand und breche auch von dem Baum des Lebens und esse und lebe ewiglich! Da wies ihn Gott der Herr aus dem Garten ...« (1. Mose 3,22 u. 23).

Der Mensch mußte das Paradies verlassen, damit nicht Schlimmeres geschehe als die Aneignung der Erkenntnis des Guten und Bösen. Damit sich nicht der Anfang der Erkenntnis – denn um einen solchen kann es sich allein handeln – ein für alle Mal verewige, ohne Weiterentwicklung aussichtslos festgelegt würde, darum mußte der Mensch das Gottesland des Paradieses verlassen, die Erde betreten, »im Schweiße seines Angesichtes« arbeiten und lernen. Stellen wir uns nichts Geringes dabei vor: Wesen, denen die Summe ihres Weistums, ihre totale Entwicklungsmöglichkeit mit einem Male in fest gefügten Grenzen übergeben wurde, ohne Aussicht, diese wesentlich zu überwinden, gibt es. Es sind die instinktgebundenen, unfreien Tiere, die unter der Last ihrer Instinkte artmäßig handeln müssen. Damit nicht der Mensch ein Erkenntnis-Tier würde, mußte er den Erdenweg der Entwicklung und des mühevollen Lernens antreten. Das war die Gnade, die sich hinter der Strafe der Paradiesesaustreibung verbirgt und die je länger, je mehr sich als größer als die Strafe erweist.

Fragt man nun, welche höchste göttliche Vollmacht hinter dieser Gnade steht, die den Menschen aus den Schatten der beiden Paradiesesbäume fortwies, so gibt die Bibel selbst die Antwort: »Nicht ihr habt mich erwählt, sondern ich habe euch erwählt und bestimmt, den Erdenweg zu gehen, daß ihr Frucht bringet und eure Frucht bleibe ...« (Joh. 15,16). Es ist Christus selbst, der die Menschen vom Garten Gottes des Vaters mit seinen beiden Baumoffenbarungen des Lebens und der Erkenntnis hinunter zur Erde weist – wieder in einen Garten.

Zunächst ist das Feld der Erde ein steiniger Acker, »verflucht um deinetwillen, mit Kummer sich darauf zu nähren« (1. Mose 3,17). »Dornen und Disteln« trägt er und würde er immer tragen, wenn er nur sich selber überlassen bliebe. Ödland würde sich dehnen und Urwald wuchern. Wie wohltätig für die Erde griff die menschliche Hand und ordnender Sinn ein, säte und pflanzte, beschnitt und bewässerte, zog Gräben und Deiche. Arbeit und Lernen auf dem Acker der Erde bildete ihn allmählich um zu Kulturland. Aus Ödländern wurden fruchtbare Äcker, aus den Äckern Gärten. Die ordnende, Kulturen schaffende Hand des Menschen hatte das getan, hatte sich selbst eine Gartenheimat geschaffen und der Erde den Kulturstempel des Menschlichen aufgedrückt.

Wie urbildlich menschlich die Gartenarbeit ist, das hatte Goethe, der so viel menschlich Urbildliches darlebte, sein ganzes Leben lang empfunden und auch geübt, von der ersten Zeit in Weimar an, als er seinen Garten vom Herzog geschenkt bekam, bis zu seinen letzten Lebenstagen, als er, die greise Exzellenz, seinem Gärtner Herzog Ende Februar 1832 noch die letzten Gartenwünsche aufträgt. Wenige Tage später liefert der Gärtner Goethes das »Memorandum für den Monath März 1832 über vorhabende Arbeiten in den beyden Gärten Sr. Exzellenz des Herrn geheimen Raths und Staatsministers Von Göthe« ab. Es ist eine ganz praktische Anweisung: »... zur Bestellung der Früherbsen, Salat, Carotten ... die reinliche Herstel-

lung der Blumen-Parthie ... sämtlicher Spargelländer ... das Aufräumen des Laubes ...«
Wenn es die Witterung erlaubt, besucht Goethe seinen Garten. Der Dichter Grillparzer hat den größten Geist seines Zeitalters so gesehen: »Sein Anblick in dieser natürlichen Stellung, mit einem langen Hausrock bekleidet, ein kleines Schirmkäppchen auf den weißen Haaren, hatte etwas unendlich Rührendes. Er sah halb wie ein König aus und halb wie ein Vater.«
Und dieser königliche Vater, einer der Großen der Menschheit, der am Ende seines Lebens von sich bekannte: »Je älter ich werde, je mehr vertraue ich auf das Gesetz, wonach die Rose und Lilie blüht«, hängt das schlichte Gartenmemorandum in sein Arbeitszimmer, um es ständig vor seinen Augen zu haben. Frische Gartenerde in einer Schale für Samen steht darunter. Das war am 26. Februar. Keine vier Wochen später ist Goethe gestorben, im Anblick dieses Gartenplanes. So wichtig war ihm der Garten, ihm, dem Gartenfreund, dem Freund der Erde und aller ihrer Erscheinungen.
Der Garten und die pflegende menschliche Tätigkeit darin birgt etwas so urbildlich Wahres und auch dem menschlichen Sinn so unmittelbar Einleuchtendes, daß man beglückt ist und es zugleich auch wieder ganz natürlich findet, im Evangelium Christus als einen Gärtner bezeichnet zu lesen. Er, der auf dem Acker der Erde den Menschenwegen nachgeschritten ist, wurde als ein Mensch geboren, litt und starb wie ein Mensch.
Als er aber am dritten Tage in der Frühe des ersten Tages der Woche auferstanden war und die mit ihm

Verbundenen noch um ihn trauerten, stand Maria Magdalena draußen am Grabe und weinte. Da schaut sie im Umwenden die Gestalt des Auferstandenen, weiß aber nicht, daß er es ist. »Sie meint, es sei der Gärtner« (Joh. 20,15), bis sie ihn ganz erkennt. Dieses Meinen der Maria aber war keinesfalls ein Irrtum. Höhere Bild-Wahrheit durchzog ihre Seele: Sie sieht ihn, den Gärtner der Erde! Sie ist der erste Augenzeuge, daß die Erde anfing, sich vom Acker in einen Garten zu wandeln, eine höhere Pflanzstätte, welche die Erde von Anfang an immer schon, nur im verborgenen war.

In diesen Garten der Erde pflanzte Christus den Baum seiner Offenbarung, nicht zwei Bäume wie im Paradies – denn was von zweien stammt, geht auch »entzwei« und muß sterben –, sondern den einen, in welchem Wahrheit und Leben eines sind, zu dem der Erdenweg der Mühe und Arbeit führt und der unsterblich macht. Wieder spricht die Bibel selbst dies Geheimnis aus, indem sie das Wort Christi überliefert: »Ich bin der Weg, die Wahrheit und das Leben ...« (Joh. 14,6). Unter dem Baum seiner Offenbarung sind die Menschen versammelt, die Christen sein wollen.

Auch dieser Baum hat Früchte. Die Frucht des Baumes des Lebens zu genießen, war den Menschen verwehrt. Die Frucht des Baumes der Erkenntnis des Guten und Bösen hat der Mensch an sich gerissen, ohne daß sie ihm frei gewährt war. Die Frucht des Baumes der Offenbarung Christi zu sich zu nehmen, sind alle aus Gnade eingeladen. Aber die Frucht dieses Baumes muß errungen, geerntet werden.

Stellen wir uns noch einmal dieses Bild vor: der immerwachsende Baum mit seiner grünen Krone, durch welche das Sonnenlicht scheint, in das das Auge, ohne Schaden zu nehmen, nicht unmittelbar schauen kann. Das durch Schattengrün gefilterte, gedämpfte Licht: golden erscheint im Aufblick die Krone. Es ist jenes Gold, welches die frühen, frommen Maler als Hintergrund für ihre Bilder christlicher Geheimnisse malten. Es ist aber auch jenes Grün, das entsteht, wenn Gold ganz dünn zu Plättchen geschlagen wird, mit welchen die Bildschnitzer ihre Figuren vergoldeten. Sieht man durch ein dünnes Goldplättchen ins Licht, erscheint es grün. Zutreffend konnte Goethe darum sagen: »Grün ist des Lebens goldner Baum.« Und golden erscheint die grüne Baumkrone der wachsenden Offenbarung Christi, darunter die Christen im menschenfreundlichen Gotteslicht versammelt sind. Man kann einwenden, das alles sei nur ein Bild, wenn auch ein schönes. Ebenso könnte man bei einem Gedanken sagen, das sei nur ein Gedanke, wenn auch ein wahrer. Das Bild und den Gedanken halten wir der Wirklichkeit entgegen, sie zu erkennen. Das Bild hat dem Gedanken vieles voraus, wenn es ehrlich und – nicht als Allegorie – aus vorausgehender Gedankenmühe hervorgeht. Jahrtausende menschlicher Kultur haben von Bildern gelebt und sich genährt. Jahrtausende werden es wieder tun. Dazwischen liegt die Wüstenwanderung des bildlosen Gedankens, die um der Läuterung und Wahrheit willen wie jener vierzigjährige Wüstenzug unter Mose sein muß – aber jede Wanderung sollte doch ein Ziel haben.

Ein Ziel ist dieses: die Seele immerwährend zu üben.

Es gibt ein schönes Wort von Stefan George: »Was wir in frommer Wiederholung pflegten«. Oder das der Mönche vom Berge Athos: »Der Kopf will immer etwas anderes; das Herz will immer dasselbe.«
Goethe bekannte von sich: ». . . mit lebendigen Wesen muß man nur immer umgehen, um sie zu lieben«. Dann wird dieser pflegende Umgang mit dem Lebendigen behutsam zu einem Erkenntnisorgan und gewährt Freude, die der nicht kennt, der seine Seelenkräfte nicht übt. Beim Gewahrwerden der »Urpflanze« rief Goethe aus solcher Freudeempfindung aus: »Wenn ich nur jemandem den Blick und die Freude mitteilen könnte, es ist aber nicht möglich.«
Immerwährende Übung des Herzens – das ist es, was wir Treue nennen. In immerwährender Übung, fast ohne Anfang und Ende – so äußert sich lebendiges Wachstum auf Erden. Überall im lebendigen Rhythmus von Tag und Nacht, den Jahreszeiten, den Gezeiten der Meere, den Gestaltungen der Pflanzen hat die Treue ihr Abbild. Nicht daß Wachstum unmittelbar Treue sei, aber dieselbe »fromme Wiederholung«, die im Menschen Treue ist, zeigt ihr Bild in allen Lebens- und Wachstumsvorgängen der Natur. In ihnen offenbart sich die verborgene Treue des göttlichen Wesens.
Wieder kehren wir zum Bilde der Baumoffenbarung Christi zurück. Man weiß es nun: ihr grünes und goldenes Licht ist gewoben aus lauter Treue. Moralität findet ihren Ausdruck in einem Bilde, das wir doch von der äußeren Natur genommen haben: dem wachsenden Baum.
War Leben die verwehrte Frucht des einen Baumes

des Paradieses und Erkenntnis die geraubte des anderen, so ist Moralität, Treue des Herzens die zum Geschenk dargebotene dieses neuen Baumes, der auf Erden seine Wurzeln hat, dessen Krone in die Himmel reicht und dessen Früchte durch Übung der Seele, durch »fromme Wiederholung« erlangt werden können.

»Bleibet Treue bewahrend in meiner Liebe«

Dem Wort aus dem Johannesevangelium (15,9) haben wir die Worte »Treue bewahrend« in der Übersetzung hinzugefügt, damit dem »Bleiben« nicht jener passive Charakter anhafte, der sich oft mit ihm verbindet, sondern daß die immerwährende, wachsende Lebendigkeit der Treue, jene geübte Dauerkraft der Seele, welche zur Liebe führt, fühlbar werde, die allein gemeint sein kann. Treue und Tugend kommen uns aus der wachsenden Offenbarung Jesu Christi zu und wachsen selbst wieder mit ihr zusammen.
Eindrucksvoll schildert das Johannesevangelium jene Szene am Gründonnerstagabend nach dem Abendmahl, als Judas hinausgegangen war, Jesus zu verraten, wie die Stimmung der verbliebenen Abendmahlsrunde zugleich groß und innig wurde. Zuweilen geschieht es, daß im Anblick einer Gefahr, Krankheit oder eines Schicksalsschlages das Zusammengehörigkeitsgefühl verbundener Menschen in Klarheit für Augenblicke vollkommen gegenwärtig erscheint. So spricht Jesus Christus jene Worte: »Nun ist des Menschen Sohn verklärt ...« (13,31). Die Klarheit göttlicher Offenbarung wird erlebbar, wächst groß auf

und umfängt die Jünger wie mit einem Gewand: »Ein neues Gebot gebe ich euch, daß ihr euch untereinander liebet, wie ich euch geliebt habe ...« (13,34).
Es gibt ein Bild aus Goethes »Faust«-Dichtung, das entfernt mit dieser Szene verglichen werden kann. Faust vermählt sich auf klassischem Boden mit Helena, der Seele Griechenlands. Ein Knabe, Euphorion, entspringt dieser Verbindung. Aller Enthusiasmus und Idealismus des Geistes, alle spontane Zugeneigtheit der höheren Welt und ihren Botinnen, den Künsten, gegenüber, welche die menschliche Seele fähig ist zu empfinden, haben in Euphorion ihr poetisches Urbild. Ein neuer Ikarus, sucht er, die Flügel mächtig und kühn bewegend, die Sonne. Von ihr aber versengt, stürzt er in die Tiefen, beklagt von einem gramgebeugten Elternpaar – oftmalige Tragik zu früh Geborener. Dann entschwindet auch Helena, deren Gewänder sich in Gewölk auflösen und vorüberschweben, Fausts Seele mit sich führend. Danach stellt Goethe etwas Merkwürdiges dar: Mephisto-Phorkyas, der Geist des Bösen, tut etwas Bedeutsames und sagt Wahrheit. Er »nimmt Euphorions Kleid, Mantel und Lyra von der Erde, tritt ins Proszenium, hebt die Exuvien in die Höhe und spricht: ... Hier bleibt genug, Poeten einzuweihen ...« Unter dem Mantel Euphorions vermögen noch viele Geschlechter, die Künste zu üben. Selbst seine liegengelassenen Gewänder zeugen noch Dichtung.
So ist jenes Wort Christi wärmend und hüllend wie ein zurückgelassener Mantel seiner Liebe. Hochgehoben und vom Proszenium her wurde er in der christlichen Verkündigung durch die Jahrhunderte gezeigt.

Immer hatte diese den einen Inhalt: Hier bleibt genug, Christen einzuweihen für alle künftige Erdenzeit . . .

Denken wir uns Menschen unter dem Baum christlicher Offenbarung: Sie pflanzen Tugend im Garten der Erde. Moralität ist ein Zeitenwesen wie die wachsende Pflanze auch. Lange braucht sie unsichtbar zum Keimen, welches von der Blüte, dem Ziel her bestimmt ist, aber in der Gegenwart allein offenbart sie sich als das »Passende in jedem Zustande«. Goethe hat in der Weisheit seines hohen Alters davon gesprochen: »Wir schätzen ohnehin die Gegenwart zu wenig, tun die meisten Dinge fronweise ab, um ihrer los zu werden. Eine tägliche Übersicht des Geleisteten und Erlebten macht erst, daß man seines Tuns gewahr und froh wird, führt zur Gewissenhaftigkeit. Was ist die Tugend anderes, als das wahrhaft Passende in jedem Zustande? Fehler und Irrtümer treten bei solcher täglichen Buchführung mit sich selbst hervor, die Beleuchtung des Vergangenen wuchert für die Zukunft. Wir lernen den Moment würdigen, wenn wir ihn alsobald zu einem historischen machen« (F. v. Müller, 23. August 1827). Den Moment »zu einem historischen machen«, das ist: sich des Zeitenwesens, der Geschichte bewußt werden, die auch allem Wachstum zugrunde liegen. Dadurch fühlt der Mensch seine Verwandtschaft mit allem Lebendigen.

Daß die Tugend ein Zeitenwesen ist, lange wächst und gepflegt werden muß – Tugend ist lehrbar, sagte Sokrates –, bis sie im Alter zwischen Fehlern und Irrtümern leuchtend als Blüte und Frucht hervortritt, war Goethes Lebenserfahrung. Aber die Tugend hat auch einen Keimzustand: die unbewußte Sicherheit des moralischen Taktes, die als Führung der Seele allem Menschlichen eingeboren ist, ein Keimling vom Baum lebendiger Offenbarung. So berichtet Marie Körner, die Mutter des Dichters Theodor Körner, von dem sechzehn- oder siebzehnjährigen Goethe, wie er sich spontan gegen die theologisch-abstrakte Meinung empörte, die ganze Bibel sei gleicherweise unmittelbar wortwörtliche Inspiration des Willens Gottes, der sich sogleich im täglichen Leben verwirklichen lasse.

»Einmal traf sich nun, daß wir eben mitten aus einem, ihm für junge Mädchen unpassend erscheinenden Kapitel des Buches Esther laut vorlesen mußten. Ein Weilchen hatte Goethe ruhig zugehört; mit einem Male sprang er vom Arbeitstische des Vaters auf, riß mir die Bibel aus der Hand und rief dem Herrn Magister mit ganz furioser Stimme zu: Herr, wie können Sie die jungen Mädchen solche H . . . Geschichten lesen lassen! Unser Magister zitterte und bebte; denn Goethe setzte seine Strafpredigt noch immer heftiger fort, bis die Mutter dazwischentrat und ihn zu besänftigen suchte. Der Magister stotterte etwas von: Alles sei Gottes Wort, heraus, worauf ihn Goethe bedeutete: Prüfet alles, aber nur was gut und sittlich ist, behaltet! Dann schlug er das Neue Testament auf, blätterte ein Weilchen darin, bis er, was er suchte, gefunden hatte. Hier Dorchen! sagte er zu meiner Schwester, das lies uns vor: das ist die Bergpredigt, da hören wir alle mit zu. Da Dorchen stotterte und vor Angst nicht lesen konnte, nahm ihr Goethe die Bibel aus der Hand, las uns das ganze Kapitel laut vor und fügte ganz erbauliche Bemerkungen hinzu, wie wir sie von unserem Magister niemals gehört hatten ...«

Moralische Sicherheit, nicht theoretische Meinung leitete den jungen Goethe in einem solchen Maße, daß die Braut Goethes, Lili Schönemann, die spätere Frau von Türckheim, nach vielen Jahren der Trennung von Goethe von ihm als dem Hüter ihrer Moralität, »dem Schöpfer ihrer moralischen Existenz« sprach, und sie müsse daher »bis zum letzten Hauch ihres Lebens mit religiöser Verehrung an seinem Bilde hangen« (nach Henriette von Beaulieu).

Die Erde – »Pflanzschule für eine Welt von Geistern«

Als Maria Magdalena in der Frühe des Ostertages draußen am leeren Grabe stand und den Auferstandenen schaute, meinte sie, es sei der Gärtner. Ein Abglanz der höheren Bestimmung der Erde zog damals durch ihre Seelentrauer: das Bild der Erde als eines Gartens und Er als der Gärtner.

An der Grenze zwischen dem irdischen Wahrnehmen und dem Schauen im Geiste gibt es mythische Übergänge und Bereiche traumähnlicher Doppellichtigkeit, wo die Weisheit solcher Bilder aufkeimt. Der Evangelist Markus berichtet von einer Blindenheilung in der Gegend von Bethsaida am Galiläischen Meere. Wir kennen das Schicksal des Blinden nicht. Es steht nur da: »Und sie brachten zu ihm einen Blinden ... Und er nahm den Blinden bei der Hand und führte ihn hinaus vor den Flecken; und spützte in seine Augen und legte seine Hände auf ihn und fragte ihn, ob er etwas sähe. Und er sah auf und sprach: Ich sehe Menschen gehen, als sähe ich Bäume« (8,22–24).

Wieder schaut ein Mensch etwas von der Bestimmung der Erde als Pflanzstätte der Geister und die Baumverwandtschaft des Menschen. Wieder erscheint höhere Wahrheit. Danach legt Christus dem Blinden noch einmal die Hände auf, »daß er alles scharf sehen konnte«. – Man bekommt unmittelbar den Eindruck, daß die Geschichte nur wegen der eigentümlichen Zwischenschau erzählt wird: Menschen wie Bäume ...

Im höchsten Alter sind auch diese Ahnungen von der Bestimmung der Erde durch Goethes Seele gezogen. Eckermann notiert als letztes Gespräch vom Sonntag, dem 11. März 1832, wenige Tage vor Goethes Tode: »Abends ein Stündchen bei Goethe, in allerlei guten Gesprächen.« Er ist gesprächig und fast heiter, wie über die irdischen Dinge erhoben, die er nun nicht alle mehr so »scharf sehen« mag: »›Und überall, was ist es und was soll es? – Gott hat sich nach den bekannten imaginierten sechs Schöpfungstagen keineswegs zur Ruhe begeben, vielmehr ist er noch fortwährend wirksam wie am ersten. Diese plumpe Welt aus einfachen Elementen zusammenzusetzen und sie jahraus, jahrein in den Strahlen der Sonne rollen zu lassen, hätte ihm sicher wenig Spaß gemacht, wenn er nicht den Plan gehabt hätte, sich auf dieser materiellen Unterlage eine Pflanzschule für eine Welt von Geistern zu gründen. So ist er nun fortwährend in höheren Naturen wirksam, um die geringeren heranzuziehen.‹ Goethe schwieg. Ich aber bewahrte seine großen und guten Worte in meinem Herzen.«

Die Erde als Garten und Pflanzstätte – ein freundliches, sonnenhelles Bild einer Übungsstätte der Tugend und Moralität von Menschen untereinander. Jede finstere, unerbittliche Entschlossenheit zur Sittenstrenge und Askese hat einfach keinen Daseinsraum. Moralität und Reinheit der Seele? – Ja! aber nur im Sonnenlichte des Erdengartens Christi, geduldig geübt wie das wachsende Grün unschuldiger Pflanzen. Dann gesellt sich zur Tugend die Gnade: Gratia, was sowohl Gnade wie Anmut bedeutet. Eine Kultur seelischer Anmut und Schönheit in den mitmenschlichen Beziehungen, nicht der nur geforderten Pflicht und Sittenstrenge, wird einmal in der Pflanzschule der Erde »in frommer Wiederholung« gepflegt werden. Auch das hat Goethe vorgefühlt, als er in seiner »Faust«-Dichtung das soziale Grundgesetz gegenseitiger Abhängigkeit durch die Grazien so formulierte:

»Aglaia: Anmut bringen wir ins Leben;
Leget Anmut in das Geben.
Hegemone: Leget Anmut ins Empfangen,
Lieblich ist's, den Wunsch erlangen.
Euphrosyne: Und in stiller Tage Schranken
Höchst anmutig sei das Danken.«

Erst durch die Erringung der seelischen Anmut, die nur in Freiheit in der Pflanzschule der Erde unter der wachsenden Offenbarung Christi erworben werden kann, gewinnt die menschliche Seele jenen inneren Frieden, der das Echo der Anmut und der Gnade ist. Wie eine Prophetie zukünftiger Kultur grüßt Paulus die Christen in seinen Briefen mit der Grußformel: »Gnade sei mit euch und Friede ...« Man könnte auch sagen: Anmut sei mit euch und Friede ... eine Anmut, wie sie die Treue Gottes im Frühling durch einen schönen Sonnentag uns bereitet, in jener anmutigen Zeit, in welche die christlichen Feste des Todes, der Auferstehung und der Offenbarung Christi fallen.

Dann wird auch die Ausgießung des Heiligen Geistes am Tage der Pfingsten verständlich als Erfüllung dieser frei gewählten, der menschlichen Natur durch die Gnade Christi tief einwohnenden Übung zur Moralität. Dann leuchtet das Ziel der Erdenentwicklung auf: alles Sichtbare in Moralität zu wandeln.

Die Übung der Tugend und der »Idee des Reinen« ist selbst Wirkung der wachsenden Offenbarung Christi: »Lasse uns von Morgen zum Abend das gehörige thun und gebe uns klare Begriffe von den Folgen der Dinge. Daß man nicht sey wie Menschen, die den ganzen Tag über Kopfweh klagen und gegen Kopfweh brauchen und alle Abend zu viel Wein zu sich nehmen. Möge die Idee des reinen die sich bis auf den Bissen erstreckt, den ich in den Mund nehme, immer lichter in mir werden« (Goethes Tagebuchaufzeichnungen vom 7. August 1779).

II. »... und sind ihm untertan die Engel« (1. Petr. 3,22)

Die Engel der Schöpfung und ihr Wirken im Menschenwerden

Die Erde erscheint als »Pflanzschule für eine Welt von Geistern« betrachtet in einem ganz anderen Lichte, als wenn man sie nur aus blinder Naturgesetzlichkeit heraus geboren und bewegt ansieht, beschienen vom physikalischen Licht unbelebter Sonnen. So ist die Erde aber nicht. Unter dem Baum der wachsenden Offenbarung Christi ist sie ein Garten. Im Geäst dieses Baumes, wenn wir in diesem Bilde bleiben, horsten und bewegen sich die Flügelwesen einer höheren »Welt von Geistern«, jener hierarchisch gestuften Engelwelt, von der zahlreiche Stellen der Bibel berichten, von der christliche Überlieferung und Erfahrung weiß, so in der Legenda Aurea des Jacobus de Voragine: »Jegliche dieser Hierarchien aber hat drei Ordnungen: in der obersten sind die Seraphim, Cherubim und Throni; in der zweiten, als Dionysius beschreibt, die Dominationes (Kyriotetes), Virtutes (Dynameis) und Potestates (Exusiai); in der letzten die Principatus (Archai), Erzengel und Engel. Diese Hierarchien sind unterschieden in ihrer Würde und in ihrem Amt gleich den Dienern eines irdischen Fürsten. Denn von den Dienern, welche unter einem König sind, dient ein Teil unmittelbar der Person des Königs, als die

Kämmerer, Räte und Beisitzer; denen sind gleich die Ordnungen der ersten Hierarchie. Ein Teil Diener hat Ämter in der gemeinen Regierung des Reichs und sind nicht einer sonderlichen Provinz zugeteilt, als die Obersten des Heeres und die Richter des Hofes: denen gleicht man die Ordnungen der zweiten Hierarchie. Etliche sind gesetzt über einen Teil des Landes, als die Schultheißen und Vögte und dergleichen niedere Amtsleute: diesen sind gleich die Ordnungen der dritten Hierarchie.

Die drei obersten Ordnungen sind bei Gott selbst und haben mit ihm Gemeinschaft. Dazu sind drei Dinge not: höchste Liebe, die ist bei den Seraphim, davon sind sie genannt die brennenden; vollkommene Erkenntnis, die ist bei den Cherubim, davon sind sie genannt Fülle der Weisheit; immerwährendes Erfassen und Genießen, das ist bei den Throni, darum sind sie genannt ein Sitzen, da der Herr auf ihnen sitzt und ruht, indes er sie in sich selbst läßt ruhen.

Die drei Ordnungen der mittleren Hierarchie herrschen über die Menschen alle gemeiniglich. Ihre Herrschaft aber besteht in drei Dingen: erstlich im Gebieten und Befehlen; das tun die Dominationes oder Herrscher, denn sie haben die Herrschaft über die Unteren, und leiten sie in allen göttlichen Verrichtungen und gebieten ihnen alles. Das andre ist das Wirken; das tun die Virtutes oder Kräftigen, welchen nichts unmöglich ist zu vollbringen, was befohlen wird, denn ihnen ist gegeben Vermögen über alle Schwierigkeiten in allem göttlichen Amt, darum ist ihnen sonderlich zugeteilt, Wunder zu tun. Das dritte ist Hemmen und Verbieten, daß alle Hindernisse und

Widerwärtigkeit werde vertrieben: das tun die Potestates oder Gewaltigen, welche Gewalt haben, alles Widerwärtige zu zwingen.
Die drei Ordnungen der letzten Hierarchie sind in ihrer Gewalt sonderlich bestimmt und begrenzt: etliche von ihnen sind über ein einzeln Land gesetzt, das sind die Principatus oder Fürsten. Etliche sind gesetzt über eine Menge, als über eine Stadt: das sind die Erzengel. Etliche aber sind zur Hut eines einzelnen Menschen bestellt: das sind die Engel; darum sagt man auch, daß sie nur kleine Dinge melden, weil sie nur einen Menschen angehen ...«
Vom Tage der Himmelfahrt Christi erzählt die Apostelgeschichte des Lukas, als die Jünger auf dem Berge der entschwindenden Gestalt des Auferstandenen nachsahen, »da standen bei ihnen zwei Männer in weißen Kleidern« (1,10). Sie weisen den Blick der Jünger, der nach oben zum Himmel gerichtet war, wieder zur Erde. Überhaupt weben die Engel auf- und niedersteigend zwischen Himmel und Erde, wie sie Jakob am Rande der Wüste schaute: »... und siehe, eine Leiter stand auf der Erde, die rührte mit der Spitze an den Himmel, und siehe, die Engel Gottes stiegen daran auf und nieder« (1. Mose 28,12). Sie leiten aber auch den Menschenblick, der die göttliche Welt sucht, in die Urvergangenheit der Schöpfung und zugleich in das Zukunftsziel der Erde: Sie führen aus der Zeit in die Ewigkeit. Das erfuhr Mose auf dem Berge Sinai. Die Erdenvergangenheit offenbarte sich seinem Ewigkeitsblick als das Wirken Gottes durch seine Engel – und das Ziel der Schöpfung als Moralität, auf die alles Geschaffene verborgen hinge-

ordnet ist. So zeigt sich das hohe Bild religiöser Andacht als ein gegenwärtiges Schauen Gottes »von Angesicht zu Angesicht« auf dem Berge Sinai: Mit der Offenbarung des moralischen Gesetzes der Zehn Gebote tauchen zugleich die Bilder der Weltenschöpfung aus der Ewigkeit Gottes empor. Diese Bilder zeigen das Wirken von Engeln.

Ehe darauf näher eingegangen werden soll, sei noch folgendes angeführt. Die Offenbarung, die an Mose geschah, war gemäß der dreifachen Zeit eine dreifache: Die Zukunft der Erde, sie in Moralität zu wandeln, wurde im moralischen Gesetz der Gebote veranlagt. Ihr entsprechen die Bilder der Schöpfung in der Vergangenheit. Aber auch ein drittes, Gegenwärtiges, wurde Mose gegeben. Geheimnisvoll deutet die Bibel diesen Vorgang an: »Und das Ansehen der Herrlichkeit des Herrn war wie ein verzehrendes Feuer auf der Spitze des Berges vor den Kindern Israel. Und Mose ging mitten in die Wolke und stieg auf den Berg und blieb auf dem Berg vierzig Tage und vierzig Nächte. Und der Herr redete mit Mose und sprach: ...« (2. Mose 24,17 f.). Was nun der Herr offenbart, sind die Bilder des Kultus der Stiftshütte und die Verrichtungen zur Ausübung des Kultus. Der kultische Gottesdienst als ein Abbild der Ewigkeit steht mitten in der Gegenwart in der Geschichte der Menschheit – mit den Mitteln der Zukunft, der moralischen Weltordnung, die Vergangenheit, das natürlich Geschaffene, ordnend; denn die Einzelheiten zur Verrichtung von kultischen Handlungen müssen der natürlichen Welt entnommen werden, aber sie werden von Geistgesetzen überformt. Wir wollen auf das dreifache

Offenbarungsbild, durch welches Mose Gott »von Angesicht zu Angesicht« schaute, nicht weiter eingehen; nur der *eine* Teil dieses Bildes soll im folgenden betrachtet werden.

Der erste Satz der Bibel ist in den gebräuchlichen Übersetzungen in seiner weltenschaffenden Gebärde, die, wie wir sehen werden, auch der Menschennatur urbildlich tief einverwoben ist, kaum durchsichtig. Wir folgen hier der Übersetzung des Sprachforschers und Theologen Hermann Beckh: »Im Geistgedanken der Urbeginne wob der Elohim schaffende Wesenheit Himmel und Erde. Und die Erde war kraftendes Werdewesen, und Finsternis waltete über der Weltentiefe, und der im heiligen Winde wehende Geist der Gottheit brütete über dem Urgewässer. Da sprach das göttliche Weltenwort: Es werde ...« (Monatsschrift »Die Christengemeinschaft«, 11. Jahrgang, Heft 8).

Dreifach wiederum ist die Offenbarung des Göttlichen vor der Weltenschöpfung, wobei mit den »Elohim« eine Engelhierarchie bezeichnet ist, »Geistgedanken der Elohim« – sie weisen auf tiefe Gedanklichkeit; das Göttliche »sprach: Es werde« – der Gedanke tönt in der Sprache nach außen und wird Wirksamkeit; der »Geist der Gottheit brütete« – in hegender, wärmender Liebe zeigt er eine Urgebärde. Dieses war die Andacht Moses vor dem Urbeginn der Schöpfung: Die Gottheit ist ein denkendes, ein sprechendes, ein gebärdenhaft handelndes Wesen. Aus ihm entspringt alles Geschaffene. Darum hat auch die Natur diese dreifache Tendenz tief unbewußt als Ursprung und als Entwicklung bewegende Kraft in sich.

Sie ist voller Weisheit, aber instinkthaft ohne Wissen. Sie ist voller Geräusche, Laute und Stimmen, aber ohne bewußte Sprache. Sie ist voller Gebärden, aber der ihnen zugrundeliegende Wille handelt blind.
Allein im Menschen als der höchsten Zusammenfassung der sichtbaren Schöpfung kommt die verborgene Tendenz der göttlichen Engelreiche zur Offenbarung, und zwar schon bald nach der Geburt des Menschen: Das Kind lernt Gebärden und als die menschlichsten das aufrechte Stehen und Gehen. Es lernt sprechen. Es lernt denken.
Als die Elohim-Gottheit am letzten »Tage« der Schöpfung den Menschen sich zum Bilde schuf (1. Mose 1,27) als ein Wesen, das stehen, sprechen und denken kann, schaute sie die Schöpfung an: Sie ist hervorgegangen aus der dreifachen Qualität Gottes. Diese ist aller Sichtbarkeit als Entwicklungsbewegung und Bestimmung eingeboren. Sie wird im Menschenwerden offenbar. Darum hat auch die ganze Natur eine geheime Tendenz zum Menschen. Da sprach Gott ein ästhetisch-moralisches Urteil über dies alles: »... und siehe da, es war sehr gut« (1. Mose 1,31).

Von der Gnade des Sterbens

Goethe hat dieses Gut-Sein der Schöpfung und ihren Gipfel im Menschen in nicht genug zu bewundernden Worten ausgesprochen (in dem Aufsatz »Winkelmann und sein Jahrhundert«): »Wenn die gesunde Natur des Menschen als ein Ganzes wirkt, wenn er sich in der Welt als in einem großen, schönen, würdigen und werten Ganzen fühlt, wenn das harmonische Behagen ihm ein reines freies Entzücken gewährt, dann würde das Weltall, wenn es sich selbst empfinden könnte, als an sein Ziel gelangt aufjauchzen und den Gipfel des eigenen Werdens und Wesens bewundern. Denn wozu dient alle der Aufwand von Sonnen und Planeten und Monden, von Sternen und Milchstraßen, von Kometen und Nebelflecken, von gewordenen und werdenden Welten, wenn sich nicht zuletzt ein glücklicher Mensch unbewußt seines Daseins erfreut?«

Die geheime Tendenz alles Geschaffenen zum Menschen hin, die vom Göttlichen ausgeht und im Menschlichen ihren Gipfel findet, kommt in diesen Worten zum Ausdruck. Man muß mit Goethes naturanschauendem Blick diesen Schöpfungsgang bewundern, der zunächst damit abschließt, daß es ein Wesen gibt unter mannigfachen, das aufrecht stehen, sprechen und denken kann: den Menschen.

Aber gerade, wenn sich der Blick darauf richtet, kann er einer Tragik innewerden, wenn er Menschenhandeln, -sprechen und -denken mit Gottes Handeln, Sprechen und Denken im Urbeginn der Schöpfung vergleicht. Durch die göttlich handelnde Gebärde entstand die Erdenwelt – das menschliche Handeln dient zumeist seinem Egoismus und seinen Bedürfnissen. Durch das göttliche Sprechen wurde die Welt erleuchtet – die menschliche Sprache dient der Verständigung und damit in erster Linie dem Menschen selbst. Durch das göttliche Denken wurde das selbstloseste Zeugnis der Elohim offenbar: aus Überzeugungen Schöpfungen zeugend – der menschliche Gedanke dient zuerst

dem Menschen selbst als Begründung des Selbstbewußtseins.
Die göttlichen Qualitäten wirkten und wirken selbstlos, schöpferisch von Gott ausgehend. Sie wurden der Natur als dumpfer Trieb, doch darum auch wieder selbstlos eingeboren. Im Menschen aber offenbaren sie sich egoistisch. Dieser Vorgang ist zwar jetzt Gesetz. Dennoch müßte es nicht so sein und war es auch nicht immer. Es ist ein unschuldiger Zustand denkbar, in dem Wesen in Selbstlosigkeit die göttlichen Qualitäten betätigen. Dann würde Handeln, Sprechen und Denken ein sehr langer, unschuldiger »Natur«-Prozeß gewesen sein in geduldiger, ruhiger Entwicklung; denn die Geduld macht immer Prozesse mit.
Aber es fand kein solcher langsamer, weitatmender Entwicklungsweg ruhigen Wachstums statt. Die Ungeduld des Nichtwartenkönnens schlug als ein Ereignis von unmittelbarer Gewalt in das Werden der Menschheit. Die Bibel schildert das als den Sündenfall. Zu früh wurde geraubt, was geduldig hätte werden sollen. Darum das erschrockene Staunen der Hierarchien: »Adam ist geworden wie unsereiner und weiß ...« (1. Mose 3,22). Das Wissen und die Erkenntnis fielen dem Menschen zu früh zu. Das war der große Fall. Er hat das Sprechen und Handeln mit sich gerissen, ehe die menschlichen Fähigkeiten schöpferisch ausreifen konnten. Darum wurde das Handeln, Sprechen und Denken selbstbezogen. Es würde immer selbstbezogener und egoistischer werden, wenn nicht im Menschenleben Verhältnisse einträten, die dem Menschen das Handeln, Sprechen und Denken wieder nehmen, wenn nicht die Menschenseele durch Gnade

wieder hinaufgeführt werden würde in die Welt außerhalb des Sündenfalls. Diese Gnade ist der Tod. Darum schreibt auch Novalis in seinen »Fragmenten«: »... der Tod macht nur dem Egoismus ein Ende«.

Nicht nur streng als Strafandrohung ist jenes Wort aufzufassen, welches den Tod verheißt: »... aber vom Baum der Erkenntnis des Guten und Bösen sollst du nicht essen; denn welches Tages du davon issest, wirst du des Todes sterben« (1. Mose 2,17).

Das Sterben und der Tod heben aus der sichtbaren Welt »von Sonnen und Planeten und Monden, von Sternen und Milchstraßen, von Kometen und Nebelflecken, von gewordenen und werdenden Welten« heraus und leiten das Sinnen und Denken wieder zu den »Geistgedanken der Urbeginne«, zum Lauschen des Weltenwortes, zum Anschauen der Engel- und Göttertaten und zur Anschauung Gottes »von Angesicht zu Angesicht«. Die Gnade des Sterbens als Folge des großen Falles – das ist einer der wichtigsten Inhalte des Christentums. Er ist durch das Denken zu begreifen. Die heilende Macht des Christentums zeigt sich schon hier und jetzt vor dem Tode. Im Denken ergriffenes Christentum leuchtet über die Todesschwelle hinaus. Es ist die Andacht, die »diese und jene« Welt miteinander verbindet.

Kinder empfinden den Tod noch nicht so stark als die Schwelle zum völligen Anderssein. Die Selbstbezogenheit des Handelns, Sprechens und Denkens ist noch nicht so intensiv ausgeprägt wie bei den Erwachsenen. Jene sind der nachtodlichen Welt, die auch die vorgeburtliche ist, die der Welt vor dem Sündenfall

ähnlich ist, noch viel näher. Darum ist das spielende Denken und Lernen der Kinder jener Welt mehr verwandt.
Von dem neunjährigen Knaben Johann Wolfgang Goethe wird erzählt (aus »Bettinas Leben«): »Sonderbar fiel es der Mutter auf, daß er bei dem Tod seines jüngeren Bruders Jakob, der sein Spielkamerad war, keine Träne vergoß, er schien vielmehr eine Art Ärger über die Klagen der Eltern und Geschwister zu haben. Da die Mutter nun acht Tage nachher den Trotzigen fragte, ob er den Bruder nicht liebgehabt habe, lief er in seine Kammer, brachte unter dem Bett hervor eine Menge Papier, die mit Lektionen und Geschichten beschrieben waren; er sagte ihr, daß er dies alles gemacht habe, um es dem Bruder zu lehren.«

Verwandlungen an der Schwelle des Todes

Im Bewußtwerden der Tatsache, daß die Gedanklichkeit aus Gottes Denken in den Egoismus gefallen ist, lernt die Menschenseele fragen: Wie hebe ich mein Denken wieder zu den »Geistgedanken der Urbeginne« empor? Es gab einmal einen schöpferischen Weisheitsquell, aus dem auch alles Menschendenken floß, wie kann ich ihn wiederfinden?
Die gedanklichen Bemühungen philosophischer Art in der jahrtausendealten Bewußtseinsgeschichte der Menschheit legen von der Sehnsucht, auf diese Fragen Antwort zu finden, ein beredtes Zeugnis ab. Aber »die Sache ist so gewaltig schwer, sonst hätten die guten Menschen sich nicht seit Jahrtausenden so damit

abgequält« (Goethe zu F. v. Müller am 16. Juli 1827). Wir wollen und können auf diese Mühen hier nicht eingehen. Was wir aber können, ist, den Gedanken fassen, daß die Frage nach der Ent-schuldigung des Denkens den Fragenden behutsam an die Schwelle des Sterbens versetzt, an jenen »Ort«, an welchem Verwandlungen vor sich gehen. Spätestens, wenn der Tod sich naht. Frühestens, wenn die Menschenseele durch solche Fragen Erkenntnisentwicklungen einleitet. Beide Geschehnisse, die Verwandlungen durch das Sterben und die Umwandlungen der Seele durch Erkenntnis, sind ähnlicher Natur.

Wir wollen jene Gelegenheiten im Menschenleben aufsuchen, in denen sich solche Verwandlungen in Gleichnissen abbilden. Eines schildert Goethe einmal: »Licht, wie es mit der Finsternis die Farbe wirkt, ist ein schönes Symbol der Seele, welche mit der Materie den Körper bildend belebt. So wie der Purpurglanz der Abendwolke schwindet und das Grau des Stoffes zurückbleibt, so ist das Sterben des Menschen« (zu Riemer, 3. Dezember 1808).

Ein anderes ist dies: In sehr tiefen Brunnen spiegeln sich auch am hellen Tage die Sterne. Im Hause des Astronomen Erhard Weigel in Jena (erbaut 1670, abgerissen 1898, Weigelstraße) befand sich ein solcher Brunnenschacht (Knopf, »Geschichte der Astronomie in Jena«). »Die Treppe ging vom Keller bis zum Dach um einen vierseitigen prismatischen Hohlraum herum, so daß man vom Keller, wenn die Falltür geöffnet war, den Himmel sehen konnte. Wenn man den durch sieben Geschosse reichenden Schacht mit dunklen Tüchern behängte, soll man auch bei Tag die Sterne zweiter und dritter Größe gesehen haben« (Fritz Kühnleur/Paul G. Esche, »Jenaer Porträts«). Wenn nun jemand von oben hinuntersah, so muß er auch sein eigenes Antlitz, wenn auch nur von sehr ferne und nur in Umrissen gespiegelt gesehen haben. Das Menschenantlitz auf dem Hintergrund des Sternenhimmels – das ist beinahe ein mythisches Bild. Diese Erscheinung verwundert einen um so mehr, wenn man sich klar darüber geworden ist, daß die Taghelle der Sonne die Sterne überdeckt und daß die Sterne nur von dieser Überdeckung befreit sichtbar werden können, wenn der Spiegel genügend tief ist. Tiefe spiegelt das eigene Antlitz zwar dunkel, doch auf dem Hintergrund der Sterne.

Das Gleichnishafte der Erscheinung ist deutlich. Wird die Menschenseele so an die Schwelle des Todes geführt: Die äußere Taghelle schwindet, und das Antlitz wird, zwar zunächst dunkel, aber doch auf dem Hintergrunde der Sterne sichtbar wie auf einem glitzernden Samtteppich, der zu dem Antlitz unmittelbar dazu gehört? Schaut der Sterbende so in den Sternenbrunnen der Welt?

Dazu kommt noch etwas anderes. Der sich im tiefdunklen Brunnen Spiegelnde weiß: Seichte Gewässer spiegeln den Hintergrund nicht. Flache Alltäglichkeit und Eitelkeit lassen die Sterne nicht hervortreten. Das ist nicht nur ein Vergleich. Nach dem Tode wird das als Bild erlebbar. Finsternis dunkelt hinter dem Spiegelbild des eigenen Wesens, aber eine Finsternis, die allmählich sternenhell wird, je tiefer sich die eigene Seele erweist. Und die Menschenseele ist tief, weil sie sternengeboren ist. Darum weiß man, spätestens an

Sterbelagern, daß es keinen unbedeutenden Menschen gibt.

An der Schwelle des Todes wird sich der Sterbende erst recht gewahr am zunehmenden Glanz der höheren Welt durch die Vertiefung des eigenen Wesens. Der Sternenglanz des Geistes läßt das eigene Spiegelbild zunächst in Konturen deutlich werden. Aber »die Nacht ist vorgerückt, der Tag will anbrechen ...« (Röm. 13.12) und: »Jetzt sehen wir im Spiegel nur dunkle Konturen, aber dereinst ...« (1. Kor. 13,12) – so schreibt Paulus. Seine Worte deuten auch auf die Verwandlungen an der Schwelle des Todes.

Wie heben wir unser Denken als ein Teil unseres Wesens zu den »Geistgedanken der Urbeginne« wieder empor? Gewiß sind Verwandlungen notwendig, die das ganze menschliche Wesen ergreifen, aus dem doch das Denken kommt. Oft sprechen wir von der Hintergründigkeit von Gedanken, ohne dieses Wort bildlich ernst zu nehmen. Der menschliche Gedanke und das menschliche Wesen haben einen Hintergrund. Aber dieser, wenn er sich zeigt, muß Wesenhaftes offenbaren; denn der Hintergrund eines Wesens kann doch nur wieder wesenhaft sein, so wie hinter dem Kinde Eltern, Lehrer, Freunde, Mitmenschen stehen, die es in die Welt leiten. Den wesenhaften Hintergrund menschlichen Lebens nennt die christlich-spirituelle Überlieferung: die Engel, oder: die Hierarchien. Um sie denken zu können, gehen wir von einer einfachen, aber bedeutenden Frage aus.

Warum schauen die Menschen so oft und so gern in den Spiegel? Der Spiegel ist so alt wie die Kulturmenschheit. Im alten China entdeckt, begleitete er die

Menschen in den verschiedensten Formen durch alle Kulturepochen, erfreute sich steigender Beliebtheit und hat auch heute nichts davon eingebüßt. Eine Kulturgeschichte des Spiegels wäre für die Geschichte des Selbstbewußtseins höchst aufschlußreich. Wir wollen nur dieses davon berühren: Durch den Spiegelgebrauch war es möglich geworden, sich selbst zu malen. Das Selbstportrait entstand. Warum hat kein Geringerer als Rembrandt sich so oft selbst gemalt? Eitelkeit und Selbstbespiegelung wird niemand ihm unterstellen wollen. Aus jeder Zeit seines Lebens gibt es eines oder mehrere Selbstbildnisse. Zuweilen hat man den Eindruck, als suche er etwas in seinem Antlitz. Etwas Verlorenes? Zugedecktes? Zumindest etwas Verborgenes! Man wird bei der Betrachtung namentlich seiner späteren und des letzten Selbstbildnisses wie mit hineingezogen in die sehnsuchtsvolle Suche nach einem Wesenhaften hinter dem Menschenantlitz.

Die nachtodliche Welt: Engel, Erzengel, Urkräfte

Was die Menschen in Augenblicken der Besinnung suchen, wenn sie ihr Antlitz betrachten, ist das Bild Gottes, das dem Menschenbilde zugrunde liegt. Ist doch der Mensch nach dem Bilde Gottes geschaffen. Gedankliche Selbsterkenntnis wird zur Suche nach dem wesenhaften Urbild des Menschen. Das wirkt als Urtrieb hinter aller Selbstbetrachtung. Von Arthur Schopenhauer, dem Philosophen auf der Suche nach dem eigenen Selbst, gibt es eine Anekdote: Er ging einmal in einem Park tief in Gedanken versunken spazieren. Da es Abend war, schloß der Parkwächter die Tore zu und fand auf seinem Rundgang den Philosophen abwesend sinnend auf einer Bank sitzen. Schopenhauer hatte den Wächter nicht bemerkt im Nachsinnen über die Frage, was das Selbst eigentlich wäre. Als der Wächter auf den Sitzenden einsprach und ihn aufforderte, den Park zu verlassen, bemerkte Schopenhauer es nicht. Erst als die nach seinen Personalien forschende Frage in ihn drang: Wer sind Sie denn eigentlich? erwachte der Philosoph und sagte: Das eben frage ich mich auch.

Wer bin ich eigentlich? so fragt es aus dem eigenen Spiegelbild. Im Nachlaß Goethes fand sich ein Altersgedicht, in welchem er rückschauend auf sein Werk »Wilhelm Meister« jene Spiegelsituation andeutete. Der ganze Roman – ein Spiegelbild von Goethes Wesen. In der Rückschau des Dichters spiegelt das Werk transparent werdend Höheres durch seine Bildlichkeit: Wer weiß dann, ob er es noch selber ist? Ängstlichkeit und Beglückung wechseln. Das Ganze ist ein schwankendes Bild, fast unmerklich sich verlebendigend.

»Wüßte kaum genau zu sagen,
Ob ich es noch selber bin,
Will man mich im Ganzen fragen
Sag ich: Ja so ist mein Sinn;
Ist ein Sinn, der uns zuweilen
Bald beängstet, bald ergetzt,
Und in so viel tausend Zeilen
Wieder sich ins Gleiche setzt.«

Die Spiegelsituation führt an eine Schwelle, die des Todes. Gedanklichkeit wandelt sich in Bilder. Sie werden transparent. Andere Bilder treten daraus hervor. Sie deuten auf den wahren Hintergrund des menschlichen Antlitzes: auf Wesenheiten – Engel, die hinter dem Antlitz wesen.

Unser Erdendenken hatte sie verdeckt. Jetzt wird den Gedanken der Egoismus genommen, den sie während des Erdendaseins angenommen hatten. Der »Geistgedanke der Urbeginne« schimmert im nachtodlich gespiegelten Antlitz aus der Stirn hervor. Die Wesen, welche die Gedanken lösend wieder zum Göttlichen tragen, nennt die christliche Überlieferung: die Engel, Diener Gottes, die zunächst dem Menschen ihr Dasein haben.

Dasselbe ist von der Sprache zu sagen. Unser Sprechen, das auch selbstisch wurde, hat die Wesen, die hinter dem Menschenantlitz gottesurbildlich wirken, verdeckt. So wie wir denken und sprechen, sehen wir die Hierarchien nicht. Manchmal erzählen Kinder aus der Erinnerung von engelhaften Erlebnissen aus der Zeit, ehe sie sprechen und denken lernten. Der Mensch kann nur später in der Regel deswegen nicht davon wissen und reden, weil seine gegenwärtige Art des Wissens und Redens das gerade unmöglich macht. Im nachtodlich gespiegelten Menschenantlitz wird die Sprache vom menschlichen Munde gelöst und wieder hinaufgetragen in ihren Ursprung. Die christliche Überlieferung nennt die Geistigkeit, die in der Sprache wirkt: die Erzengel. Darum hat Goethe am Anfang des größten Sprachkunstwerkes der neuhochdeutschen Sprache, des »Faust«, Erzengel – Raphael,

Gabriel, Michael – im »Prolog im Himmel« in Sprechchören seine Dichtung einleiten lassen. Erzengel leiten die Sprache zur Erde. Erzengel heben die Sprache auch wieder hinauf.
Ebenso geschieht es dem menschlichen Handeln. Unser Stehen und Gehen, unsere Gebärden verdecken göttlich-wesenhaftes Wirken. Tief unbewußt ist der Wille, der sich im Wandeln und in den Handlungen äußert. Könnten wir denken und sprechen vor der Erlangung der Gebärdenfähigkeit, so wüßten wir von noch höherem Göttlichen als von den Engeln und Erzengeln. Dann hätten wir die bewußte Erfahrung jener hierarchischen Wesen, die dem Menschen »nach dem Bilde Gottes« die Aufrechte verliehen haben, jene spezifisch menschliche Urkraft, nach der man auch die Engelhierarchie: Urkräfte (griechisch: Archai) nennt. – Wiederum im nachtodlich gespiegelten Antlitz auf dem dunklen Hintergrund, auf dem die Sterne der göttlichen Welt leuchten, lösen die Urkräfte aus den Gesichtszügen die Gebärdenfähigkeit, die als Urkraft beweglich über den ganzen menschlichen Leib ergossen ist und vor allem in den Gliedern als Gehen und Stehen zur Offenbarung kommt.
Göttliches Denken, Sprechen und Handeln wirkte im Urbeginn der Schöpfung. Es lebt tief verborgen in aller Natur. Es kommt zur Offenbarung im Menschen als die drei Urfähigkeiten des aufrechten Gehens, Sprechens und Denkens. Aber sie verbergen die göttlichen Hierarchien, die in ihnen walten. Dadurch kann der Mensch um der Freiheit willen selbst auf die Gefahr hin des Selbstischwerdens das Handeln, Sprechen und Denken so ansehen, als seien sie sein eigen.

Daß diese Gefahr nicht überhandnehme, schuf die göttliche Fürsorge für das Menschengeschlecht die Gnade des Todes. Im Tode erfüllt sich die unbewußte Sehnsucht, im gespiegelten Selbstbildnis sich und seinen hierarchisch-göttlichen Ursprung zu finden: Die Engelwesen Gottes treten hervor, unser Denken, Sprechen und Handeln zu lösen und dem Göttlichen wieder zurückzugeben. Darin wirkt die Menschenfreundlichkeit Gottes in Jesus Christus, dem »die Engel untertan sind«, wie Petrus schreibt, und von dem es in dem Briefe an die Hebräer und im Psalmbuche heißt: »Und es sollen ihn alle Engel Gottes anbeten« (1,6).
Etwas von dem Glanz dieser Gnade, sterben zu dürfen, von den Engeln wieder in den Ursprung der Schöpfung hinauf gelöst zu werden, liegt oftmals auf dem Antlitz eben Gestorbener, selbst wenn die Stunden vorher angstvoll und schmerzlich waren. Es ist wirklich »der Friede Gottes, welcher höher ist als alle Vernunft ...« (Phil. 4,7), höher als unser irdisches Handeln, Sprechen und Denken, weil es in Christi Denken, Sprechen und Handeln eingeht.
Solcher Friede war um Goethes Sterben. F. v. Müller erzählt: »Er starb den seligsten Tod, selbstbewußt, heiter, ohne Todesahnung bis zum letzten Hauch, ganz schmerzlos. Es war ein allmählich sanftes Sinken und Verlöschen der Lebensflamme ohne Kampf. Licht war seine letzte Forderung, eine halbe Stunde vor dem Ende befahl er: ›Der Fensterladen auf, damit mehr Licht eindringe.‹« »Er ist in Ottiliens Armen gestorben, und zwar hat der Atem so ruhig und sanft aufgehört, daß sie den Moment des Todes nicht

genau weiß, und noch in dem Glauben gewesen ist, daß er ruhe, als er schon gestorben war« (Pauline Hase).

Die Raumesordnung und die Elohim

Drei Engelhierarchien sind es, die in der nachtodlichen Welt die Menschenseele vom Egoismus lösen, der sich im Denken, Sprechen und Handeln ausdrückt. Was der Mensch in sich, in seinem eigenen inneren Bereich verfehlt hat, reinigen die Engel, Erzengel und Urkräfte und führen den Verstorbenen wieder zum Gut-Sein, zum Göttlichen empor. Der »Friede Gottes« erfüllt dann sein Wesen.

Aber der Mensch hat während seines Erdenlebens nicht nur in sich Fehler und Unzulänglichkeiten. Sie dringen gerade durch sein Denken, Sprechen und Handeln in die Welt und haben in ihr Folgen, die für den Verursacher oftmals gar nicht mehr zu erreichen sind, auch dann nicht, wenn er sie wiedergutmachen will. Über das Innerseelische hinaus wird der Mensch schuldig an der Welt. Diese Schuld könnte niemals gesühnt werden, wenn nicht der Sohn Gottes, »das Opferlamm Gottes, welches der Welt Sünde trägt« (Joh. 1,29), zu den Menschen gekommen wäre. Und so, wie Christus durch die drei genannten Engelhierarchien das Seelische des Verstorbenen reinigt, so wirkt er durch höhere Engelmächte an der Heilung der Wunden, welche die Menschheit der Welt geschlagen hat. Um das zu verstehen, soll das Menschenleben betrachtet werden, wie es sich in dieser Welt im Raume vollzieht.

Wir wollen von einer biographischen Einzelheit des Lebens Goethes ausgehen, weil in diesem Leben vor anderen so viel Allgemein-Urbildliches geschah. Mitte September 1797 besuchte Goethe den Rheinfall bei Schaffhausen. In seinem Tagebuch findet sich Folgendes darüber: »Ich trat wieder auf die Bühne an den Sturz heran, und ich fühlte, daß der vorige Eindruck schon verwischt war; es schien gewaltsamer als vorher zu stürmen. Wie schnell sich doch die Nerve wieder in ihren alten Zustand herstellt. Der Regenbogen erschien in seiner größten Schönheit; er stand mit seinem ruhigen Fuß in dem ungeheuern Gischt und Schaum, der, indem er ihn gewaltsam zu zerstören droht, ihn jeden Augenblick neu hervorbringen muß.«

Goethe machte die Beobachtung, daß die ruhige Erscheinung des Regenbogens durch die ungeheure Bewegung des Wassersturzes bedingt ist, ein Phänomen, das die Menschenseele tief beeindruckt. Nun erscheint der Regenbogen, der entsteht und wieder vergeht, unbeweglich im Raum, stellt sich dem Betrachter als eine Ruheerscheinung des Raumes dar. Aber sie geht doch aus der Bewegung fallender Wasser hervor. Das kann zu der Überlegung und Frage hinleiten, ob der ausgedehnte, ruhigbeständige, meßbare Raum, der uns umgibt, seine Entstehung, eventuelle Ausweitung und Verminderung auch durch eine Bewegung bedingt sind.

Fragen wir zunächst nach den Grenzen des Raumes. Er ist keinesfalls unendlich, wie vielfach angenommen wurde. Er stößt an den Menschen an. Unser Leib und seine Sinnesorgane sind zwar auch in den Raum eingespannt, nicht aber, was »hinter« den Sinnesorganen liegt und sich des Leibes bedient. Das ist das Seelische, unser intensives Denken, Fühlen und Wollen, welches an den ausgebreiteten extensiven Raum angrenzt. Überall, wo das intensive Seelische in seiner Beweglichkeit beginnt, endet das extensive Räumliche in seiner statischen Ruhe.

Das menschliche Seelische ist als die eine Grenze, das eine Ufer des Raumes zu betrachten. Aber er hat noch ein anderes Ufer. Wenn ich an der Küste von Westirland stehe und auf den Atlantischen Ozean nach Westen schaue, dann kann ich doch denken, daß die Ostküste Amerikas, die den Atlantik auf der andern Seite begrenzt, in großen Zügen der Küste, auf der ich stehe, ähnlich ist, auch wenn ich jene noch nie gesehen und betreten habe. So ist denkbar, daß das eine Ufer des Raumozeans das bekannte Menschlich-Seelische ist. Das andere Ufer, das den Raum begrenzt, ist Gottes Geistigkeit, die seelisch-geistige Welt, die, zunächst unbekannt, doch denkbar ist. Zwischen Mensch und Gott ist der Raum dieser Welt ausgespannt.

Es ist gut, das Bild des Meeres und seiner Küsten noch eine Weile im Hinblick auf den Raum zu betrachten. Die Küstenlinien sind schwankend und beweglich, verändern sich dauernd mehr oder weniger. Das Meer kann ganze Landstriche fortschwemmen, die aber auch wieder angeschwemmt werden können. Das heißt, wenn man das Verhältnis der Menschenseele zum Raum bedenkt: das Raumerlebnis kann groß und weit ausgedehnt sein; es kann aber auch der Raum für das Erleben schwinden. Die physische Meßbarkeit des Raumes, der in seiner Größe gerade durch seine Meßbarkeit erscheint, spricht nicht gegen die angeführte Tatsache; denn die Mittel, mit denen das Messen des Raumes durchgeführt wird, unterliegen ebenso wie der Raum selbst der Erlebnisfähigkeit der menschlichen Seele. Auf diese Tatsache weist Ludwig Wittgenstein, Schüler des englischen Philosophen Bertrand Russell, in seinem Buche »Tractatus logico-philosophicus«, wenn er schreibt: »Das Subjekt gehört nicht zur Welt, sondern es ist eine Grenze der Welt.« – Wir werden im nächsten Kapitel sehen, daß das gleiche auch für die Zeit gilt. – Ein Beispiel möge das verdeutlichen.

Ein Kind wächst auf einem Bauernhof auf. Der Hof, die Stallungen, der Dorfweiher und die Straße sind seine Welt. Es ist eine große Welt, auch räumlich groß, die sich in die Seele des Kindes als Erinnerung einprägt. Dann muß das Kind den Ort verlassen. Später kommt es als Erwachsener wieder an die Stätte seiner frühen Kindheit – und findet zu seiner Verwunderung den Hof, den Dorfweiher, die Landstraße, die ganze große Welt von damals viel kleiner, als sie die Erinnerung bewahrte: ein Erlebnis, das alle Menschen bei einiger Aufmerksamkeit haben.

Was ist geschehen? Liegt eine Täuschung vor? – Keineswegs. Zu sagen, der Raum ist der gleiche geblieben, man messe nur nach, rechnet nicht mit der Wirklichkeit der Menschenseele. Gewiß, der meßbare Raum bleibt der gleiche. Aber seine Grenze, die an das Seelische anstößt, fluktuiert. Das menschliche Bewußtsein ist während des Erwachsenwerdens stärker und heller geworden – auf der Grundlage des Schwindens des Raumes.

Dies ist zunächst ein ungewohnter Gedanke. Er leuchtet aber ein, wenn man auf verwandte oder benachbarte Gedanken seine Aufmerksamkeit richtet. Wir sagten oben in dem Kapitel »Die rätselhaften Begebenheiten nach der Auferstehung«, daß der Gedanke die Wahrnehmung bedingt, daß man nur sieht, was man auch weiß. Nun ist das Raumerlebnis auch ein Wahrnehmungserlebnis, ebenso wie das der Zeit. Raum und Zeit werden aber bedingt durch die Gedanken Raum und Zeit. Raum und Zeit sind Ideen. Sie haben nur intensiver als alle anderen Ideen die Tendenz, das Wahrzunehmende zu bedingen. Darum erscheinen uns alle Sinneswahrnehmungen, alles was wir sehen und hören usw., eingespannt in Raum und Zeit. Diese Tendenz der beiden allgemeinen Begriffe Raum und Zeit veranlaßte den Philosophen Immanuel Kant (1724–1804), Raum und Zeit überhaupt nicht als Ideen anzuerkennen, sondern sie als »Anschauungsformen« zu bezeichnen. Auf das Problematische, diese beiden Ideen nur so zu bezeichnen, wollen wir hier nicht eingehen, nur hinweisen darauf, daß die Ideen Raum und Zeit eine bestimmte Eigentümlichkeit des Gedankens am allerintensivsten offenbaren, die aber allen Ideen und Gedanken eigentümlich ist, nämlich, die Wahrnehmung zu bedingen. Mit dem Älter-, Bewußter- und auch Gedankenreicherwerden der Menschenseele werden die Ideen, die in der Wahrnehmungswelt investiert sind, herausgezogen, man könnte auch sagen, verbraucht, wobei die Ideen Raum und Zeit am intensivsten verbraucht werden, eben weil sie am intensivsten die Wahrnehmung bedingen. Das seelische Erlebnis ist für jedermann evident, nicht aber das begriffliche Verstehen. Das aber ist notwendig, die Menschenseele zu verstehen und auch die Erscheinungen der Welt, um für das religiöse Erlebnis einen Grund zu bekommen, der aus Wissen und Überzeugung besteht.

Der Raum wird kleiner, je mehr das Bewußtsein wächst. Das ist kein Vergleich. Das ist die Realität. Das menschliche Bewußtsein, das immer Selbstbewußtsein ist, vermindert, verzehrt den Raum, um zu sich zu gelangen. Wir sind als selbstbewußtes Wesen Raumvernichter. Der Raub am Raum muß sein, sonst könnten wir nicht von uns selbst wissende Menschen sein. Wir erschulden uns selbst am Raum, der doch ein Teil der Welt ist, die wir nicht gemacht haben. Jeder Mensch wird so schuldig an der Welt in einer Art, die er niemals selbst ausgleichen kann. Dieses Schuldigwerden ist allen Menschen gemeinsam, ist ein Teil der Erbsünde, die zu tragen, das »Lamm Gottes« auf sich genommen hat, »welches der Welt Sünde trägt«.

Nun stellen wir uns vor, es stirbt ein älterer Mensch, dem der Raum klein geworden ist – und die Erde wird auch durch die technischen Verkehrsmittel, die aus dem erfindenden Bewußtsein des Menschen stammen, immer kleiner: ein Phänomen des Alterns der Menschheit. Nachdem die Engel, Erzengel und Urkräfte das Seelische des Verstorbenen reinigend gewandelt haben, bleibt noch ein Erdenrest, den die Menschenseele gar nicht tragen kann. Die Erfahrung und die Gedanken, die wir über das Verhältnis des Raumes zum Seelischen aussprachen, führen zu der Frage: Es muß doch eine lösende Engelhierarchie über die drei genannten hinaus geben, eine Weltenkraft,

welche die Raumminderung nach dem irdischen Ableben der Seele wiedergutmacht, die den Raum wieder weitet und in der ursprünglichen Größe wiederherstellt ...
Diese Engelhierarchie tritt nach dem Tode helfend an die Menschenseele heran. Es sind die Engel, die den Raum schufen, die »Himmel und Erde« gemacht haben, welche die Genesis des Mose als die »Elohim« bezeichnet. Das griechische Neue Testament nennt sie »Exusiai« (Röm. 8,38; Eph. 1,21; 6,12) in einem positiven und negativen Sinn: die das geistige Wesen in den Raum hinein entweder als Schöpfergeister oder als Widersachergewalten veräußern.
Jene Raum-Schöpferengel des Erdenursprungs sind es, welche die Seele des Verstorbenen mit der ursprünglichen Größe des Raumes wieder umgeben. Dann in der nachtodlichen Welt mag jenes Wort aus dem Matthäusevangelium Erfahrung werden, das von der Wiederkunft Christi spricht: »Denn es wird geschehen, daß des Menschen Sohn komme in der Herrlichkeit seines Vaters mit seinen Engeln; und alsdann wird er einem jeglichen vergelten nach seinen Werken« (16,27); denn Christus wirkt mit den Elohim zusammen die ursprüngliche Erhabenheit des Raumes, hervorgehend aus Seinem ewigen Werdewesen wie hier unten auf Erden der Farbenbogen als vergänglicher Abglanz jenes unvergänglichen. – »Der Regenbogen erschien in seiner größten Schönheit; er stand mit seinem ruhigen Fuß in dem ungeheuren Gischt und Schaum, der, indem er ihn gewaltsam zu zerstören droht, ihn jeden Augenblick neu hervorbringen muß.«

Der Zeitenlauf und die Dynameis

Daß das Menschenleben auf Erden sich im Raum und in der Zeit vollzieht, ist eine allgemeine Erfahrung und vielmal Gegenstand philosophischer Untersuchung gewesen. Wir schauen von uns aus – jeder von sich aus – als Mittelpunkt in den uns umgebenden Raum. Und je intensiver, bewußter wir schauen, vermindert sich eben dieser Raum, wird kleiner, wird durch unsere immer bewußter werdende seelische Aktivität aufgesogen. Das ist eine der inneren Grunderfahrungen, die zu jedem menschlichen Erdenleben gehörten. Dazu gesellt sich eine andere.

Der kindliche oder jugendliche Mensch gewinnt sie nicht leicht. Das Kind erlebt nicht oder selten die Zeit als eine Tatsache, mit der man behutsam, haushälterisch umzugehen habe. Unbefangen lebt es im Ablauf der Tages- und Jahreszeiten, ohne von der Zeit ein deutliches Gefühl wahrzunehmen. Dieses ist eine Erfahrung des Älterwerdens: Ich lebe in der Zeit, und dieses Leben hat seine Bedeutung. Es gibt einen lateinischen Vers, der das ausdrückt: »Tempus divitiae meae, tempus ager meus« (Die Zeit ist mein Reichtum, die Zeit ist mein Acker). Goethe stand an der Schwelle des Alters, als er diesen Vers – den er als »mein altes Symbol, das mir immer wichtiger wird«, schon früher bezeichnete – im »West-östlichen Divan« paraphrasisch-poetisch übersetzte:

»Mein Erbteil wie herrlich, weit und breit!
Die Zeit ist mein Besitz, mein Acker ist die Zeit!«

In der Zeit zu leben, ist eine bewußtere Tatsache, als im Raum sein Dasein zu fühlen, sagt man doch »Zeitgenosse« zu jemandem, der bewußt am Zeitenlauf teilnimmt, obwohl das viel selbstverständlichere »Raumgenosse« ganz ungebräuchlich ist.
Auch das Erlebnis der Zeit ist wie das des Raumes nicht immer das gleiche. Die Zeit wird in ihrer Intensität und Geschwindigkeit im Kindesalter und während der Jahre des Alterns sehr verschieden erlebt. Goethe, immer mehr in der Zeit lebend, hatte schon mehr als ein Jahrzehnt früher, ehe er die angeführte Strophe im »West-östlichen Divan« übersetzte, geschrieben: »Wie ein Stein geschwinder fällt je länger er fällt, so scheint es auch mit dem Leben zu gehen; das meinige wird, so still es von außen aussieht, immer mit größerer Heftigkeit fortgerissen. Die vielen Fäden der Wissenschaften, Künste und Geschäfte, die ich in meinen früheren Zeiten angeknüpft habe, laufen nun immer enger zusammen, kreuzen und drängen sich, so daß es meiner ganzen Ordnungsgewohnheit bedarf, damit kein Gewirre entstehe« (An den Prinzen August von Gotha, 3. Januar 1800).
Merkwürdig: die Zeit schwindet, je länger sie währt, immer schneller. Sie hat ein wachsendes Gefälle, das zur Ordnung, zur Gestaltung drängt.
Wie war das, als wir Kinder waren? Der sonnige frühe, schulfreie Vormittag, der einem eine Ewigkeit dünkte! Die Reihe von Ferientagen – unendlich lang! Und heute, da wir älter geworden sind, rinnt die Zeit zwischen den Fingern, als wäre sie nichts. Sollten wir vielleicht auch im Älterwerden, im Bewußterwerden, die Zeit schwinden machen wie den Raum, so daß wir

bald alle »keine Zeit mehr haben«? Und wenn das so ist, wie geschieht es?
Ja, es ist so: die Zeit schwindet, wird mit »immer größerer Heftigkeit fortgerissen«. Aber außer der Schnelligkeit des Zeitverlustes wird noch etwas anderes an der Zeit erlebt. Die Menschenseele lebt in zwei Zeitenströmen. Der eine fließt vorwärts in die Zukunft. Auf diesem Strome werden wir allmählich älter. Auch die Erde wird älter. Der zerfallende Stein und der sterbliche Leib zeigen dieses Alter an. Aber es gibt noch einen anderen Strom, der kommt dem ersten aus der Zukunft entgegen. Dieser fließt nach innen zur Innerlichkeit, so wie jener nach außen strömt. Wie ist das zu verstehen?
Wenn ich mir sage: ich will dieses oder jenes tun oder werden! so habe ich damit mir ein Ziel bestimmt. Dieses Ziel wirkt in der Folge auf alle meine Handlungen, es zu erreichen. Es sind die Ziele oder die Zwecke, im wörtlichen Sinne der Vor-Wurf, dem ich – einer altgermanischen Übung gemäß – nachspringen will. Die Zukunftsziele, die mich bestimmen, werden, wenn sie zu Handlungen anregen, von einem Zeitenverlauf getragen, der dem natürlichen entgegengesetzt ist. Meine Bestimmungen – und zu den höchsten gehört das Menschsein und Christsein – kommen auf mich von der Zukunft her zu und führen mich zum Menschwerden und Christwerden. Dieses ist die Zeit, die zur Innerlichkeit, zur Innigkeit führt; nennen wir sie: die geistige Zeit, die der natürlichen entgegensteht. So kann auch das Wort des Novalis verständlich werden: »Für Gott gehen wir eigentlich umgekehrt. Vom Alter zur Jugend.«

Diese geistige Zeit aber, die unser Bewußtsein trägt und immer mehr erweitert und vertieft, verschlingt die natürliche Zeit, läßt sie immer kürzer werden. Wer sich niemals seiner Bestimmungen und Ziele bewußt ist, vielleicht gar keine oder nur geringe hat, dem wird von der schwindenden Zeit und ihrem Gefälle zum Tode hin nur diese Folge bewußt werden: das Altwerden des Leibes, eine Last, die als Entbehrung im Zeitvernichtungsfall des Sterbens erlebt wird, dem die geistige Verjüngung, die aus einem Leben für spirituelle Ziele quillt, fehlt.

Geht nun der Mensch über die Schwelle des Sterbens in die nachtodliche Welt, kann die Entbehrung des Zeitverlustes peinvoll fühlbar werden, weil der Verstorbene qualitativ in die Nähe jenes geistigen Wesens ohne Innerlichkeit und Innigkeit gerät, von dem die Apokalypse des Johannes sagt, er »weiß, daß er wenig Zeit hat« (12,12). Die Widersachermacht ohne Zeit kann zur Seelenqual im nachtodlichen Dasein werden. Es muß doch etwas geben, das von solcher Qual erlöst!

Das Nachdenken über die doppelte Qualität des Zeitverlaufes führt zu der Frage: Gibt es eine Erlösung aus der Pein des Zeitverlustes, die aus einem veräußerlichten Leben quillt? Wir sprachen davon, daß die aus der Zukunft uns entgegenströmende Zeit zur Innerlichkeit und Innigkeit, zur Durchgeistigung des Menschenwesens führt. Wir können in der nachtodlichen Welt nicht die göttlichen Reiche der Himmel betreten, wenn nicht die menschliche Unzulänglichkeit »drüben« ausgeglichen würde. Friedrich Hölderlin drückte das einmal in den bewußten Augenblicken seines schon fast gestorbenen Daseins, wie wenn er eine nachtodliche Erfahrung mühsam preisgäbe, so aus: »... Was hier wir sind, kann dort ein Gott ergänzen ...«

Die göttliche Gnade ergänzt unsere mangelnde Geistigkeit und Innigkeit. Hohe hierarchische Engel, deren Wesen sich im strömenden, bewegenden Zeitenverlauf offenbart, die alle Gestaltumwandlungen bewirken, die Goethe zur Bewunderung veranlaßten – »so gestaltend, umgestaltend – zum Erstaunen bin ich da« (»Parabase«) –, nahen sich helfend der nachtodlichen Menschenseele. Man kann sie die »Engel der Bewegung« nennen, die »Dynameis«, wie sie Paulus in der griechischen Niederschrift seiner Briefe (z. B. Eph. 1,21 u. a.a.O.) nach alter Überlieferung bezeichnet; denn Paulus gebraucht diese hierarchischen Namen ohne Einleitung und Erklärung, woraus anzunehmen ist, daß sie damals als allgemein verbreitetes Wissen in der Kulturwelt der Antike bekannt waren. Als ein spätes Zeugnis aus dem Mittelalter ist das Werk des Dionysius Areopagita »Über die göttlichen Namen« überliefert.

Die Dynameis begaben die in der nachtodlichen Welt lebende Menschenseele mit der vollen Geistigkeit der Zeit: Vom Zukünftigen her in der Blickrichtung auf die Vergangenheit strebt nun die Seele. Im umgewendeten, dem Leben auf der Erde entgegengesetzten Zeitverlauf lebt sie, den Zukunftsblick auf die Vergangenheit gerichtet, sich läuternd von den Folgen der Zeitvernichtung auf Erden. Innigkeit des Geistes umgibt den Verstorbenen. Und Verjüngung. Denn der Zeitenverlauf kehrt sich um.

»Für Gott gehen wir eigentlich umgekehrt. Vom Alter zur Jugend.«

Die Gottesweisheit und Kyriotetes

»Die Kunst ist lang, das Leben kurz, das Urteil schwierig, die Gelegenheit flüchtig. Handeln ist leicht, Denken schwer; nach dem Gedanken handeln unbequem. Aller Anfang ist heiter, die Schwelle ist der Platz der Erwartung. Der Knabe staunt, der Eindruck bestimmt ihn, er lernt spielend, der Ernst überrascht ihn. Die Nachahmung ist uns angeboren, das Nachzuahmende wird nicht leicht erkannt. Selten wird das Treffliche gefunden, seltener geschätzt. Die Höhe reizt uns, nicht die Stufen; den Gipfel im Auge wandeln wir gerne auf der Ebene. Nur ein Teil der Kunst kann gelehrt werden, der Künstler braucht sie ganz. Wer sie halb kennt, ist immer irre und redet viel; wer sie ganz besitzt, mag nur tun und redet selten oder spät. Jene haben keine Geheimnisse und keine Kraft, ihre Lehre ist wie gebackenes Brot schmackhaft und sättigend für einen Tag; aber Mehl kann man nicht säen, und die Saatfrüchte sollen nicht vermahlen werden. Die Worte sind gut, sie sind aber nicht das Beste. Das Beste wird nicht deutlich durch Worte. Der Geist, aus dem wir handeln, ist das Höchste.«
Als eine hohe und schöne Bestimmung des Menschseins und zugleich den Weg zu ihr weisend leuchten diese Worte Goethes aus seinem Bildungsroman »Wilhelm Meister« im wahrsten Sinne des Wortes zur Bildung des Menschen. Dieser »Lehrbrief« enthält

eine meditative Unterweisung, die das Verhältnis des menschlichen Denkens zum Handeln bestimmt.
Wir handeln in der Erdenwelt im Raum und in der Zeit. Aber wir denken an den »Grenzen« derselben, wo der Raum und die Zeit in das Intensive der seelischen Innerlichkeit übergehen. In die Raumesordnung und in den Zeitenlauf sind wir durch unseren lebendigen Leib eingespannt. Durch unser Denken reichen wir darüber hinaus in das Seelische und Geistige, das dem Leib in Raum und Zeit nicht mehr untergeordnet ist. Und doch sind, solange wir im Erdenleibe leben, das raum-zeitliche Dasein und das seelisch-geistige Leben voneinander abhängig. In diese Abhängigkeit wird die außermenschliche Erdenwelt mit hineingezogen. Das soll nun betrachtet werden.
Das menschliche Bewußtsein stützt sich auf die geschilderte Raum- und Zeitverminderung. Es wird schuldig an diesen beiden Qualitäten der Erdenwelt. Die wachsende bewußte Existenz des Menschen ist erschuldet an der Welt. Noch eine dritte Form der Schuld gesellt sich für jeden verkörperten Menschen dazu, der niemand ausweichen kann, wenn er nicht Gesundheit und Leben gefährden will: Jeder muß seinen Leib ernähren durch Speise und Trank.
Wer das unterläßt oder nicht in genügendem Maße tun kann, wird nach dem Auftreten des Hunger- und Durstgefühls bald eingreifendere Veränderungen in seiner Leiblichkeit gewahren. Hunger und Durst sind gesunde Reaktionen des Leibes. Wenn sie einmal, ohne gestillt zu werden, verblassen, treten Mangelerscheinungen auf, die sich vornehmlich dadurch zeigen, daß im Sinnes- und Bewußtseinsgebiet der

menschlichen Organisation Veränderungen auftreten: Durst- und Hungerhalluzinationen im Zusammenhang mit einem Schwächerwerden und schließlichen Erlöschen der Wahrnehmungsfähigkeiten und der Bewußtseinsvorgänge. Wir »ernähren« also unser Bewußtsein durch das Medium des Leibes durch Essen und Trinken. Dazu benötigen wir Erdenstofflichkeit, Erdensubstanzen. Wir »verzehren« die Erde nicht nur als Raum und Zeit, sondern auch als Stoff, um unsere bewußte Existenz zu erhalten und zu erweitern.

Niemand hat nun aber Bewußtsein allein durch die leibliche Ernährung. Dazu muß noch eine rein seelische Tätigkeit kommen. Das vollbringen wir im Denkvorgang. Wir wollen von ihm hier nur das Allgemeinste berühren. Was tun wir, wenn wir den Begriff »Baum« bilden? Durch die Sinne sehen, betasten, hören wir nur einzelne, ganz bestimmte Bäume unserer Umgebung, die wir bildlich alle einzeln erinnern können. Sie alle sind aber nicht der Gedanke »Baum«. Dieser enthält nicht nur sie, sondern auch alle möglichen dazu in einer so unendlichen und mannigfaltigen Allgemeinheit, daß er nicht mehr bildlich anschaubar und vorstellbar ist. Der anschauungslose Gedanke des Baumes ist allgemein, aber bildlos; er ist abgezogen von der Anschauung, er ist abstrakt. Abstraktionen erfüllen unser Bewußtsein, müssen es erfüllen – wir würden sonst auf jegliche Intelligenz, die doch die Grundlage unseres Selbstbewußtseins ist, verzichten. Wer vollkommen vermeiden will, abgezogene Gedanken zu bilden, müßte auf sein seelisch-geistiges Eigenleben ebenso vollkommen verzichten. Die Bilder der Welt müssen in uns zu Abstraktionen verblassen. Nur wer sich selbst über diese Tatsache täuscht, will ihr ausweichen. Sie ist ein Teil vererbter Schuld des »Sündenfalles«.

Diese Schuld ist die Grundursache und Grundbedingung unseres Erdenlebens. Wir vermindern die Welt als Raum. Wir vernichten die Welt als Zeit. Wir verzehren die Erde als Stoff, um dadurch die Grundlage zu bilden, die Erde als Bild zu abstrahieren – um selbst auf der Erde leben zu können.

Das sind die Bedingungen unseres bewußten menschlichen Erdenlebens. Sie sind vererbte, Konstitution gewordene »Schuld«, in die jeder Mensch hineingeboren wird und für die niemand persönlich verantwortlich gemacht werden kann. Trotzdem können diese selben Bedingungen nicht die des Lebens außerhalb der Erde im Geiste sein. Im nachtodlichen Dasein müssen sie vom Menschen abgelöst werden. Dies tritt als eine Forderung des Gedankenganges auf, den wir bisher verfolgt haben. Es ist dies aber auch die Sehnsucht der erlebenden Menschenseele. Im Weltenganzen gibt es Mächte, die der Menschenseele nachtodlich helfend entgegenkommen, um sie von der Schuld zu lösen. Die Religionsvorstellungen und Mythen der antiken Völker sprechen davon. Die Namen, die man diesen Weltenmächten gab, waren verschiedenartig. Wir halten uns an die Terminologie des Apostels Paulus: Die Exusiai, die das Alte Testament die Elohim nennt, welche die Erde geschaffen haben, lösen von der Raumschuld. Die Dynameis, die Genien der Zeitenrhythmen, lösen von der Zeit. Und es ist gar nicht anders denkbar: Es muß der Verstorbene auch von seinem Erdenwissen, erschuldet am Stoff- und

Bildverzehr der Erde, erlöst werden. Eine Engelhierarchie göttlich-unschuldiger Weisheit, die vor der Erdenschöpfung war – von der es in den »Sprüchen Salomos« (8,23 u. 24) heißt: »Von der Ewigkeit her bin ich eingesetzt, vom Urbeginn, seit dem Ursprung der Erde; als die Urfluten noch nicht waren, wurde ich geboren ...« –, muß es geben. Diese Engelhierarchie nennt Paulus »Kyriotetes«, die Fürsten und Herren göttlicher Weisheit, die Könige, die das Menschen-Ich wieder zur Gottesweisheit führen, welche die Lutherbibel die »Fürstentümer« (Röm. 8,38 u. a.a.O.) nennt.

Lange hat die Christenheit das Walten hierarchischer Engelmächte kaum oder gar nicht beachtet oder nur in der Tradition als Bilder bewahrt. Wer aber in seinen religiösen Vorstellungen und Überzeugungen noch andere Wirklichkeiten sucht als die menschlich-seelisch-moralischen oder ihnen analog gedachte, der wird hierarchisches Engelwirken als Wirklichkeit empfinden und auch denken können. Die Engelhierarchie der Kyriotetes, die über den Elohim und Dynameis waltet, löst in der nachtodlichen Welt den Verstorbenen von der Art und Weise des Erdenwissens durch den Geist, der »vor der Erdenschöpfung war«, der dem Leiblichen und Seelischen – auf die das Bewußtsein sich stützt – zugrunde liegt, der auch der Geist ist, »aus dem wir handeln«, welcher »das Höchste« ist, wie Goethe in seinem »Lehrbrief« zum Menschsein schrieb.

Der in Raum und Zeit handelnde, im Bewußtsein denkende Erdenmensch lernt im Innewerden seines an der Welt erschuldeten Daseins die ihm zunächst unbekannte Engelwelt erfühlen und erkennen. Wie ein Bewußtwerden dessen nimmt sich der »Lehrbrief« im »Wilhelm Meister« aus: »Die Kunst ist lang, das Leben kurz, das Urteil schwierig, die Gelegenheit flüchtig. Handeln ist leicht, Denken schwer; nach dem Gedanken handeln unbequem ... Der echte Schüler lernt aus dem Bekannten das Unbekannte entwickeln, und nähert sich dem Meister« (Ende des »Lehrbriefs«).

Von der Gotteskindschaft: Throne, Cherubim, Seraphim

Wir haben die Wege der menschlichen Seele nach dem Tode ihres Leibes in die himmlischen Welten beschrieben, indem wir »aus dem Bekannten das Unbekannte sich entwickeln« sahen. Nicht ihm ganz Fremdes begegnet dem Menschen in der »dortigen« Welt, sondern das ihm Gemäße. Darum spricht man zu Recht von den Himmeln als von der eigentlichen Heimat der Menschenseele. Wie hier uns Gegenstände und Verhältnisse umgeben, so wohnen uns geistige Wesenheiten ein und durchdringen uns, wenn wir den Leib abgelegt haben. Hierarchische Engelmächte werden dort bewußt. Der Apostel Paulus schreibt von ihnen, als seien sie allgemein bekannt, in seinem Briefe an die Kolosser (1,16): »Denn durch ihn ist alles geschaffen, was im Himmel und auf Erden ist, es seien Throne oder Kyriotetes oder Archai oder Exusiai ...« Dreimal drei Engelordnungen erfüllen die Himmelswelten. Engel, Erzengel und Archai reinigen die Seele von den subjektiven Verfehlungen im Denken, Sprechen und im Tun. Exusiai, Dynameis und Kyriotetes lösen von der objektiven Schuld, begangen an der Erde durch das menschliche Leben im Raum, in der Zeit und im Bewußtsein, das durch den Leib bedingt ist. Nun sind in der Menschheit noch drei höhere Engelgewalten seit altersher bekannt, die das Göttliche unmittelbar umgeben und tragen, die »vor dem Antlitz Gottes« stehen. Es sind die Throne (Kol. 1,16), die Cherubim (1. Mose 3,24; 2. Sam. 6,2; Ps. 18,11; Hes. 9,3; 28,14) und Seraphim (Jes. 6,2). In deren göttliche Wirkungen tritt die menschliche Seele, nachdem sie in ihrer nachtodlichen Wanderung durch die sechs anderen Hierarchien geleitet wurde, zuletzt durch die Kyriotetes, die mit dem unmittelbaren »Geist, aus dem wir handeln«, welcher »das Höchste« ist, begnaden.

Alles irdisch vernünftige Tun und Verrichten ist Abbild solcher Begnadung. Goethe, der wohl eines der vielseitig-tätigsten Leben aus der überlegenen, ruhigen Vernunft vollbrachte, das überhaupt denkbar ist – denn die Leistung seines langen Lebens ist, je näher man sie kennenlernt, kaum übersehbar und in der folgenreichen Auswirkung noch weniger ausdenkbar –, war sich bewußt, daß Fleiß und Tätigkeit das Genie nicht mindern, im Gegenteil erst zu dem machen, als was es der Welt erscheint. So schrieb Goethe noch in seinem letzten Brief an Wilhelm von Humboldt am 17. März 1832: »Das beste Genie ist das, welches alles in sich aufnimmt, sich alles anzueignen weiß, ohne daß es der eigentlichen Grundbestimmung, demjenigen, was man Charakter nennt, im mindesten

Eintrag thue ...« Aus solcher Gesinnung stellt er gegen Ende des »Wilhelm Meister« zwei Gestalten dar, die wie die polaren Gegensätze dessen anmuten, was Menschentun zu entwickeln fähig ist: Montan und Makarie. Montan ist Bergmann, Geologe. In den Klüften der Erde sucht er die Spuren des Lebendigen im Toten. Der Anblick der Berge, des Erhabenen, hat ihn Schweigen gelehrt. Ein sonst vornehmlich stummer Schüler des Schweigenden spricht er seine Maxime so aus: »Wenn man einmal weiß, worauf alles ankommt, hört man auf gesprächig zu sein. Worauf kommt nun aber alles an? Das ist bald gesagt: Denken und Tun, Tun und Denken, das ist die Summe aller Weisheit, von jeher anerkannt, von jeher geübt, nicht eingesehen von einem jeden. Beides muß wie Aus- und Einatmen sich im Leben ewig fort hin und wider bewegen; wie Frage und Antwort sollte eines ohne das andere nicht stattfinden.« – »Die Summe aller Weisheit« schimmert wie ein Abbild der harmonisierenden Taten der Kyriotetes in das tätig-denkende Tun des Menschenlebens zwischen Geburt und Tod. Doch gibt es Engelbereiche, die sich darüber befinden.

Goethe war eben über fünfzig Jahre alt – und durch den Umgang vieler Jahre mit Schiller, Schelling und Hegel im Gespräch oftmals mit seinen Gedanken auf das Metaphysische, Übersinnliche gerichtet – da berichtet ein Zeitgenosse (H. E. G. Paulus) über den Eindruck, den Goethe nach einem Gespräch hinterlassen hat: »Für Ahnungen über das Übermenschliche hatte Goethe eine erhebende, staunende Andacht in sich: Wie jenes Übersinnliche gleichsam von oben her mit unserer Natur und Naturphilosophie zusammenhängt, dies, rief er mir einmal zu, ist die Frage. Aber sein ahnendes Denken war mit der besonnensten Scheu vor allen Dogmen als Behauptungen verbunden, besonders, wenn man das Praktische darnach oder dagegen regulieren zu wollen fürchten ließ.«

Die »staunende Andacht« dem Übersinnlichen gegenüber erfüllte Goethes Seele zeit seines Lebens, ja diese Andacht entwickelte sich selbst zur Methode seiner Naturbetrachtung. Auch unmittelbare ahnende Erfahrungen, die ihm sogar leidvoll waren, begegneten ihm immer wieder. So begab sich das Folgende am 1. Januar 1805 (nach H. Voss): »Am Morgen des letzten Neujahrstages, den Schiller erlebte, schrieb Goethe ihm ein Gratulationsbillet; als er es aber durchliest, findet er, daß er darin unwillkürlich geschrieben hatte: der letzte Neujahrstag, statt erneute oder wiedergekehrte oder dergleichen. Voll Schrecken zerreißt er's und beginnt ein neues. Als er an die ominöse Zeile kommt, kann er sich wiederum nur mit Mühe zurückhalten, etwas vom letzten Neujahrstag zu schreiben. So drängte ihn die Ahnung! Denselben Tag besucht er die Frau von Stein, erzählt ihr, was ihm begegnet sei und äußert: es ahne ihm, daß entweder er oder Schiller in diesem Jahr scheiden werde.«

Goethe ahnte, daß es ein Übersinnliches, Himmlisches gibt, das keinesfalls dogmatisch verkündet werden darf, welches aber das Seelisch-Geistige über die Naturanschauung hinaus in eine Welt leitet, die der allgemeinen Menschenerfahrung zunächst unzugänglich ist. Dahinein führt Vertrauen und Glauben. Goethe war so tief überzeugt von der Wirklichkeit und der Macht des Geistvertrauens, daß er die Worte schrieb (in den »Noten zum Divan«): »Das eigentliche, einzige und tiefste Thema der Welt- und Menschengeschichte, dem alle übrigen untergeordnet sind, bleibt der Konflikt des Unglaubens mit dem Glauben.« Aus dem Glauben an das Himmlische fühlte sich Goethe gedrängt, zu der Gestalt des Montan die der Makarie hinzuzufügen.

Makarie erlebt sich seit ihrer Jugend in einem ganz andersartigen Verhältnis zum Übersinnlichen des Sonnensystems als andere Menschen. In ihrem Innern bewegt es sich leuchtend in einer Art, wie es nur nach dem leiblichen Ableben für alle Menschen erfahrbar wird: »Wenn man annehmen darf, daß die Wesen, insofern sie körperlich sind, nach dem Zentrum, insofern sie geistig sind, nach der Peripherie streben, so gehört unsere Freundin zu den geistigsten; sie scheint nur geboren, um sich von dem Irdischen zu entbinden, um die nächsten und fernsten Räume des Daseins zu durchdringen. Diese Eigenschaft, so herrlich sie ist, ward ihr doch seit den frühsten Jahren als eine schwere Aufgabe verliehen. Sie erinnert sich von klein auf ihr inneres Selbst als von leuchtendem Wesen durchdrungen, von einem Licht erhellt, welchem sogar das hellste Sonnenlicht nichts anhaben konnte.« Die Erlebnisse sind ungewöhnlich. Doch ihr Tun bleibt menschlich. Es bildet sich eine edle Sittlichkeit aus, die sie für viele ihr verbundene Menschen als unentbehrliche Helferin und Beraterin in Schicksalsverwirrungen werden läßt: »... und indem ihr Herz, ihr Geist ganz von überirdischen Gesichten erfüllt war, doch ihr Tun und Handeln immerfort dem edelsten Sittlichen gemäß blieb. Wie sie heranwuchs, überall hilfreich, unaufhaltsam in großen und kleinen Diensten, wandelte sie wie ein Engel Gottes auf Erden, indem ihr geistiges Ganze sich zwar um die Weltsonne, aber nach dem Überweltlichen in stetig zunehmenden Kreisen bewegte.« Gottseligkeit wird ihr Erfahrung und ein Zustand der Seele, der sich nur mit dem oftmals verfehlt angewendeten Worte der Gotteskindschaft bezeichnen läßt.

Merkwürdig mutet es zunächst an, im »Wilhelm Meister« über derart himmlische Erfahrungen zu lesen, beginnt doch das Buch mit sehr »weltlichen« Angelegenheiten wie den Verhältnissen einer reisenden Theatergesellschaft. Bei wiederholter Beschäftigung damit aber werden gerade diese menschlichen Verhältnisse und die ganz praktisch »irdischen« Angelegenheiten von jenem »himmlischen« Geiste überleuchtet und durchdrungen, der das menschliche Erlebnis eines reinen Kunstgenusses gewährt. »Diese ganze Woche lebe ich im ›Wilhelm Meister‹, den ich nun in seinem ganzen Zusammenhange lese und studiere. Je mehr ich mich damit familiarisiere, desto mehr befriedigt er mich ... Es kann mich weiter führen, als jedes andere und eigene Produkt ... es wird meine Empfänglichkeit mit meiner Selbsttätigkeit wieder in Harmonie bringen und mich auf eine heilsame Art zu den Objekten zurückführen. Ohnehin wär mir's unmöglich, nach einem solchen Kunstgenuß etwas eigenes zu stümpern.« Dies schreibt kein Geringerer als Friedrich Schiller (am 3. Juli 1796 an Körner). Noch deutlicher sprach der tschechische Dichter und Altertumsforscher Jan Kollár (1793–1852) aus, was wir meinen, wenn er »Wilhelm Meister« die »Bibel der Dichtkunst, der Weltanschauung und des menschlichen Umgangs« nannte.

Dieser »menschliche Umgang« führt aber von den Erdentiefen zu Himmelshöhen in die nachtodliche Welt. Im Zustand der Gotteskindschaft befinden sich die Menschenseelen nach der Beendigung ihres Erdenlebens, wenn sie durch die Führung der Engelhierarchien teilnehmen können am Handeln aus dem »höchsten Geiste« des Göttlichen. Es sind die Throne, deren Wesen göttlicher Wille ist, der weltenwirkend die Himmel und die Erde durchdringend von ihnen ausgeht. Erst jetzt wird für den Verstorbenen die Bitte des Vaterunsers »Dein Wille geschehe wie oben in den Himmeln, also auch auf Erden« Erfahrung. Sie führt zur Gottseligkeit in der dreifachen Anschauung des höchsten Göttlichen: des Willens Gottes – der Throne, des Denkens Gottes – der Cherubim, der Liebe Gottes – der Seraphim. Erst durch den nachtodlichen Durchgang der Menschenseele durch alle dreimal drei Engelchöre erlangt sie jenen Unschuldszustand, der einmal im Paradiese die Menschenseele erfüllte, ehe sie die Erde betrat. Nun erst ist sie wieder ein »Kind Gottes«.

Damit aber die Menschenseele auf ihren Erdenwegen zwischen Geburt und Tod diese Gotteskindschaft nicht vergesse und schon auf Erden den Unschuldszustand wiedererlangen kann, wurde das »Kind Gottes« als Weggeleiter unseres Erdenschicksals auf Erden geboren, das vordem niemals die Erdenwelt betreten hatte: Jesus Christus, der schuldlose Menschensohn des Paradieses und der Sohn Gottes, in dem »die Fülle der Gottheit«, alle Engelreiche, wohnte. Seine

Geburt umleuchtete Gottseligkeit, welche der Menschenseele nur in den höchsten nachtodlichen Bereichen zur Erfahrung wird, welches das Licht des Paradieses vor der Erdenwelt war. Alle Engelhierarchien umwehten seine Geburt: »Und alsbald war bei dem Engel die Fülle der himmlischen Heerscharen, die lobten Gott ...« (Luk. 2,13).

Alle Engelreiche waren zusammengedrängt um diese Geburt. – Was einmal in weite Ferne reicht, darf sich nicht verlieren, muß wieder zurückkehren; denn nur dadurch kann die Gottseligkeit sich in Wohlwollen und Wohltätigkeit wandeln. So schließt auch Goethe seine Betrachtung der immer weiter nach der Peripherie strebenden Seele der Makarie mit der Hoffnung, »daß eine solche Entelechie sich nicht ganz aus unserem Sonnensystem entfernen, sondern, wenn sie an die Grenze desselben gelangt ist, sich wieder zurücksehnen werde, um zugunsten unsrer Urenkel in das irdische Leben und Wohltun wieder einzuwirken«. – Das ist der Weg jeder Menschenseele; denn »unser ganzes Kunststück besteht darin, daß wir unsere Existenz aufgeben, um zu existieren. – Das Tier ist von kurzer Existenz. Beim Menschen wiederholen sich seine Zustände« (Goethe zu Riemer, 24. Mai 1811).

Um aber zugunsten aller Menschen »in das Leben und Wohltun wieder einzuwirken«, wurde Jesus Christus in seiner Gotteskindschaft auf Erden geboren, während alle Engelmächte, die ihm dienen, versammelt waren, um höchstes »einzuwirkendes Wohltun« zu verkünden: »Geoffenbart sei Gott in den Höhen und Friede auf Erden ...«

III. Die Geburt Jesu Christi und der Friede auf Erden

Sich wandelnde Existenz – ein Zeugnis aus der Umgebung Goethes

Goethe, der die Metamorphose, den Gestaltenwandel, als das schöpferische Prinzip in der Evolution alles Lebendigen erkannte, setzte über seine morphologischen Hefte den Spruch aus dem Buch Hiob (9,11) als Geleitwort:

> »Siehe er geht vor mir über
> ehe ich's gewahr werde,
> und verwandelt sich
> ehe ich's merke.«

Ein Hauch des Geistes, der aller Gestaltenverwandlung, auch in der menschlichen sich wandelnden Existenz, zugrunde liegt, wehte durch das Gemüt Goethes, als er die Gestalt Makariens im »Wilhelm Meister« auf ihrem Weg bis zu der »Grenze des Sonnensystems« schilderte und dabei die Hoffnung ausdrückte: Sie möge doch ihre in so unendliche Fernen ausgeweitete Existenz wieder zusammenziehen und sich zurücksehnen, um auf der Erde zum Wohltun anderer einzuwirken. Goethe rührte ahnend damit an den Weg der Verstorbenen; denn der Geistesweg Makariens ist der Weg, den die Menschenseele nach dem Tode ihres Leibes aus der Natur ihres Wesens heraus zu gehen hat. Und dieselbe Hoffnung der Wiederkehr, die Makariens Seele begleitet, leitet jede Menschenseele wieder zur Erde.

Immer hat es Ahnungen von »einer künftigen Existenz in einem andern Leibe« in der Geistesgeschichte des Abendlandes gegeben. Eine aus dem nahen Umkreis Goethes soll hier angeführt werden. Eckermann, der Freund Goethes und Mithelfer bei der Durchsicht zur Ausgabe seiner Werke, hat einmal eindrucksvoll von einem Gespräch darüber mit Goethe erzählt. Es war am Abend des 11. März 1828, vier Jahre vor Goethes Tod. »Goethe hatte sich mir gegenübergesetzt, und wir sprachen noch über allerlei Dinge. Dann verweilten wir wieder bei Lord Byron, und es kamen die mancherlei Unfälle zur Erwähnung, die sein späteres Leben getrübt, bis zuletzt ein zwar edles Wollen, aber ein unseliges Geschick ihn nach Griechenland geführt und vollends zugrunde gerichtet.

›Überhaupt‹, fuhr Goethe fort, ›werden Sie finden, daß im mittleren Leben eines Menschen häufig eine Wendung eintritt, und daß, wie ihn in seiner Jugend alles begünstigte und alles ihm glückte, nun mit einem Male alles ganz anders wird und ein Unfall und ein Mißgeschick sich auf das andere häuft.

Wissen Sie aber, wie ich es mir denke? – Der Mensch muß wieder ruiniert werden! Jeder außerordentliche Mensch hat eine gewisse Sendung, die er zu vollführen berufen ist. Hat er sie vollbracht, so ist er auf Erden in dieser Gestalt nicht weiter vonnöten, und die Vorsehung verwendet ihn wieder zu etwas anderem. Da aber hienieden alles auf natürlichem Wege geschieht, so stellen ihm die Dämonen ein Bein nach dem anderen, bis er zuletzt unterliegt. So ging es Napoleon und vielen anderen: Mozart starb in seinem sechsunddreißigsten Jahre, Raffael in fast gleichem Alter, Byron nur um weniges älter. Alle aber hatten ihre Mission auf das vollkommenste erfüllt, und es war wohl Zeit, daß sie gingen, damit auch anderen Leuten in dieser auf eine lange Dauer berechneten Welt noch etwas zu tun übrig bliebe.‹

Es war indes tief abend geworden, Goethe reichte mir seine liebe Hand, und ich ging.«

Eckermann war an diesem Abend tief in Gedanken über das eben Vernommene nach Hause gegangen. Das bedeutende Gespräch ging ihm fortwährend durch den Sinn. Und der Wechsel der Existenz von oben nach unten und von unten wieder herauf nach oben muß unablässig in seinem Denken gelebt und zu mancherlei Ahnungen angeregt haben. Schon früher hatten merkwürdige Ahnungen und Gewißheiten die Seele des aus der Lüneburger Heide Stammenden durchzogen, so damals, als er als junger Mensch auf dem Weg nach Weimar war, um Goethe zu sehen: »Auf diesem wegen großer Hitze oft mühsamem Wege hatte ich in meinem Innern wiederholt den tröstlichen Eindruck, als stehe ich unter der besonderen Leitung gütiger Wesen ...« Und später, nach jener unglücklichen Reise mit Goethes Sohn August nach Rom, den ein plötzliches Fieber jäh dahinraffte, als sich Eckermann wieder Weimar näherte, wiederholte sich jenes Erlebnis noch einmal. – Nun aber hat Eckermann einen Traum. Wir wollen ihn hier vollständig anfügen, weil er eines der eigentümlichsten Zeugnisse des Gestaltenwandels der menschlichen

Existenz enthält, und zwar durch die Erfahrung »einer vollkommenen Unabhängigkeit unserer Seele und der Möglichkeit einer künftigen Existenz in einem anderen Leibe«.

Eckermann träumte in der Nacht vom 11. zum 12. März 1828: »Ich sah mich nämlich in einer unbekannten Gegend unter fremden Menschen überaus heiter und glücklich. Der schönste Sommertag umgab mich in einer reizenden Natur, wie es etwa an der Küste des Mittelländischen Meeres im südlichen Spanien oder Frankreich oder in der Nähe von Genua sein möchte. Wir hatten mittags an einer lustigen Tafel gezecht, und ich ging mit anderen, etwas jüngeren Leuten, um eine weitere Nachmittagspartie zu machen. Wir waren durch buschige, angenehme Niederungen geschlendert, als wir uns mit einem Male im Meere auf der kleinsten Insel sahen, auf einem herausragenden Felsstück, wo kaum fünf bis sechs Menschen Platz hatten und wo man sich nicht rühren konnte ohne Furcht, ins Wasser zu gleiten. Rückwärts, wo wir hergekommen waren, erblickte man nichts als die See; vor uns aber lag die Küste in der Entfernung einer Viertelstunde auf das einladendste ausgebreitet. Das Ufer war an einigen Stellen flach, an andern felsig und mäßig erhöht, und man erblickte zwischen grünen Lauben und weißen Zelten ein Gewimmel lustiger Menschen in hellfarbigen Kleidern, die sich bei schöner Musik, die aus den Zelten herübertönte, einen guten Tag machten. ›Da ist nun weiter nichts zu tun‹, sagte einer zum andern, ›wir müssen uns entkleiden und hinüberschwimmen.‹ – ›Ihr habt gut reden‹, sagte ich, ›Ihr seid jung und schön und überdies gute Schwimmer. Ich aber schwimme schlecht, und es fehlt mir die ansehnliche Gestalt, um mit Lust und Behagen vor den fremden Leuten am Ufer zu erscheinen.‹ – ›Du bist ein Tor‹, sagte einer der schönsten; ›entkleide dich nur und gib mir deine Gestalt, du sollst indes die meinige haben.‹ Auf dieses Wort entkleidete ich mich schnell und war im Wasser und fühlte mich im Körper des anderen sofort als einen kräftigen Schwimmer. Ich hatte bald die Küste erreicht und trat mit dem heitersten Vertrauen nackt und triefend unter die Menschen. Ich war glücklich im Gefühl dieser schönen Glieder, mein Benehmen war ohne Zwang, und ich war sogleich vertraut mit den Fremden vor einer Laube an einem Tisch, wo es lustig herging. Meine Kameraden waren auch nach und nach ans Land gekommen und hatten sich zu uns gesellt, und es fehlte nur noch der Jüngling mit meiner Gestalt, in dessen Gliedern ich mich so wohl fühlte. Endlich kam auch er in die Nähe des Ufers, und man fragte mich, ob ich denn nicht Lust habe, mein früheres Ich zu sehen. Bei diesen Worten wandelte mich ein gewisses Unbehagen an, teils, weil ich keine große Freude an mir selber zu haben glaubte, teils auch weil ich fürchtete, jener Freund möchte seinen eigenen Körper sogleich zurückverlangen. Dennoch wandte ich mich zum Wasser und sah mein zweites Selbst ganz nahe heranschwimmen und, indem er den Kopf etwas seitwärts wandte, lachend zu mir heraufblicken. ›Es steckt keine Schwimmkraft in deinen Gliedern‹, rief er mir zu; ›ich habe gegen Wellen und Brandung gut zu kämpfen gehabt, und es ist nicht zu verwundern, daß ich so spät komme und von allen der letzte bin.‹ Ich erkannte sogleich das Gesicht, es war das meinige, aber verjüngt und etwas voller und breiter und von der frischesten Farbe. Jetzt trat er ans Land; und indem er, sich aufrichtend, auf dem Sande die ersten Schritte tat, hatte ich den Überblick seines Rückens und seiner Schenkel und freute mich über die Vollkommenheit dieser Gestalt. Er kam das Felsufer herauf zu uns anderen und, als er neben mich trat, hatte er vollkommen meine neue Größe. Wie ist doch, dachte ich bei mir selbst, dein kleiner Körper so schön herangewachsen! Haben die Urkräfte des Meeres so wunderbar auf ihn gewirkt? Oder ist es, weil der jugendliche Geist des Freundes die Glieder durchdrungen hat? Indem wir darauf eine gute Weile vergnügt beisammen gewesen, wunderte ich mich im stillen, daß der Freund nicht tat, als ob er seinen eigenen Körper einzutauschen Neigung habe. Wirklich, dachte ich, sieht er auch so recht stattlich aus, und es könnte ihm im Grunde einerlei sein; mir aber ist es nicht einerlei, denn ich bin nicht sicher, ob ich in jenem Leibe nicht wieder zusammengehen und nicht wieder so klein werde wie zuvor. Um über diese Angelegenheit ins Gewisse zu kommen, nahm ich meinen Freund auf die Seite und fragte ihn, wie er sich in meinen Gliedern fühle. ›Vollkommen gut‹, sagte er; ›ich habe dieselbe Empfindung meines Wesens und meiner Kraft wie sonst. Ich weiß nicht, was du gegen deine Glieder hast, sie sind mir völlig recht, und du siehst, man muß nur etwas aus sich machen. Bleibe in meinem Körper, solange du Lust hast; denn ich bin vollkommen zufrieden, für alle Zukunft in dem deinigen zu verharren.‹ Über diese Erklärung war ich sehr froh, und indem ich auch in allen meinen Empfindungen, Gedanken und Erinnerungen mich völlig wie sonst fühlte, kam mir im Traum der Eindruck einer vollkommenen Unabhängigkeit unserer Seele und der Möglichkeit einer künftigen Existenz in einem andern Leibe.«

Am andern Tage ist Eckermann wieder bei Goethe. »›Ihr Traum ist sehr artig‹, sagte Goethe, als ich ihm heute nach Tisch die Hauptzüge davon mitteilte. ›Man sieht‹, fuhr er fort, ›daß die Musen Sie auch im Schlaf besuchen, und zwar mit besonderer Gunst; denn Sie werden gestehen, daß es Ihnen im wachen Zustande schwer werden würde, etwas so Eigentümliches und Hübsches zu erfinden.‹«

»So Eigentümliches« begegnet dem Menschen auf Erden immer wieder. Es ist das Schicksalhafte, das auf vergangene und zukünftige Existenz hinweist. Freuden und Leiden sind nicht zufällig. Sie wogen aus Vergangenheiten herauf. Sie erfüllen wie Träume unsere Ahnungen »verhüllt in Geisterduft ...« Goethe war sich dessen bewußt. Über sein eigentümliches Verhältnis zu Charlotte von Stein schreibt er in einem undatierten Brief an Wieland: »Ich kann mir die Bedeutsamkeit, die Macht, die diese Frau über mich hat, anders nicht erklären als durch die Seelenwanderung. – Ja, wir waren einst Mann und Weib: – nun wissen wir von uns – verhüllt in Geisterduft...« und an »Lida« (Frau von Stein) schreibt Goethe die anmutigen Verse:

». . . Denn, seit ich von dir bin
Scheint mir des schnellsten Lebens lärmende
Bewegung
Nur ein leichter Flor, durch den ich deine
Gestalt
Immerfort wie in Wolken erblicke . . .«

»In Wolken« »verhüllt in Geisterduft« wehen die Empfindungen sich wandelnder Existenz der Menschenseele. – Aber kehren wir zu dem Gespräch Goethes mit Eckermann über seinen eigentümlichen Traum zurück.

»›Ich begreife kaum, wie ich dazu gekommen bin‹, erwiderte ich (Eckermann); ›denn ich fühle mich alle die Tage her so niedergeschlagenen Geistes, daß die Anschauung eines so frischen Lebens mir sehr fernestand.‹«

Merkwürdig ist es: Manche bedeutenden Erscheinungen und Hilfen sind über die Menschen gerade außerhalb des »wachen Zustandes« gekommen, und vielfach in Zeiten »niedergeschlagenen Geistes«. Goethe setzte jenes oben angeführte, aus dem Buche Hiob stammende Wort, weil er dessen Wahrheit erfuhr, als Motto über sein intensivstes Geistesstreben. Diese Wahrheit weist auf den Inhalt unserer Existenz. Und jenes Gotteswesen, das den Verfasser des Buches Hiob dazu inspirierte, erfüllte in Träumen die Propheten mit Gesichten. Als es auf Erden erschien, sagte es von sich: »Ich bin der Weg, die Wahrheit und das Leben« (Joh. 14,6). Sollte es, wenn es als Kind geboren wird, von den Menschen im allgemeinen so wenig bemerkt werden, daß es im »wachen Zustande« der Menschheit fast nicht gesehen wird, wenn es in einer Geschichtsperiode »niedergeschlagenen Geistes« erscheint? ...

So ist es geschehen mit der Geburt Jesu Christi. Fern von allem Getriebe der wachen, geschäftigen Welt wurde das göttliche Kind geboren. In die größte Betrübnis und in die Finsternis der Gottferne trat es mit aller Seligkeit seiner Gotteskindschaft ein. Von außerhalb der »Grenzen unseres Sonnensystems« kam es aus einer paradiesischen Vorwelt, so daß sich das gesunde Menschengemüt zur weihnachtlichen Geburt hingezogen fühlt wie zu einer verlorenen, nun wiedergefundenen Heimat. Unsere ewige, sich wandelnde Existenz nahm in diesem Kinde urbildliche Gestalt an.

Das ist einer der Hintergründe unseres Fühlens zur Weihnacht.

Die Geburt Jesu –
Gotteskindschaft vor dem Sündenfall

Daß die Geburt Jesu Christi von großen, göttlichen Geheimnissen umglänzt im wörtlichen Sinne war, ist innerhalb der zweitausendjährigen Geschichte des Christentums immer empfunden worden. Geheimnisse können dunkel verborgen und unergründlich sein. Aber sie können auch in das Licht treten, ohne ihren Mysteriencharakter zu verlieren. Im Gegenteil: je länger man sie beschaut, desto tiefer erweisen sie sich. Betrachten wir zunächst, was in den Evangelien überliefert ist.

Sie sind Jahrzehnte nach dem Kreuzestod Jesu Christi aufgeschrieben, und außer Johannes war keiner der Evangelisten Augenzeuge der Ereignisse. Durch Überlieferung und Erzählung anderer und eigene meditative betende Andacht geführt, sinnt Matthäus in seiner Einsamkeit mit hellfühlender Seele über die Geburt Jesu. Vor ihm ersteht die Ahnenreihe des Kindes – nicht ganz vollständig, aber das soll uns hier nicht beschäftigen. Matthäus taucht erinnernd in die Vorgeburt Jesu ein. Bis zu Abraham, 1800 Jahre zurück, reicht diese anschauende Erinnerung. Die göttliche Schöpfermacht, die im auserwählten, israelitischen Volke tätig war, überblickt der Sinnende. In dreimal vierzehn Generationen hat er ihr Wirken im ersten Kapitel seines Evangeliums dargestellt.
Dann lebt Jesus eine Generation lang auf Erden: dreißig Jahre. Als er am 6. Januar des Jahres 30 im Jordan von Johannes dem Täufer getauft wurde und der Sohn Gottes in ihn einzog, wird noch einmal von einer Ahnenreihe gesprochen: Lukas sinnt über die Vorgeburt Jesu. Die spirituelle, schauende Andacht des Betenden beginnt bei Joseph, Jesus' Vater, und reicht über Abraham weit hinaus bis in den Ursprung der Menschenschöpfung, bis Adam, »der war Gottes« (Luk. 3,38). Beider Evangelisten Ahnenreihe sind grundverschieden: Matthäus beginnt bei Abraham, dem Vater des auserwählten Volkes, und führt die Geschlechterreihe herunter bis auf Joseph und Jesus. Lukas führt sie von unten herauf über das auserwählte Volk hinaus bis zum Beginn des Menschseins. Die anderen Unterschiede beider Stammbäume wollen wir hier nicht betrachten.

Noch einmal erscheint in der Meditation des Lukas der paradiesische Menschheitsursprung aus Gottes Hand auf der höchsten Sprosse der Generationenleiter. Wie war denn Adam, »der Gottes war«, vor dem Sündenfall? Ein Kapitel vorher hat es Lukas in der Weihnachtsgeschichte geschildert: Er war der ursprüngliche, durch keinen Fall und durch kein Dunkel getrübte Paradiesesmensch. Er war wie Jesus. Jesu Geburt: die Gotteskindschaft der ersten Menschenschöpfung in aller Unschuld vor dem Sündenfall erscheint noch einmal, jetzt auf der Erde, die durch den Sündenfall so geworden ist, wie sie ist. Das auf die Erde herabgekommene Paradies, das ist die Geburt Jesu, wie sie Lukas darstellt. Wer aber zu diesem Paradies bewußt zurückgelangen will, der muß, wie Lukas es gleich im nächsten Kapitel anläßlich der Taufe Jesu tut, die Generationenwege meditativ zurückgehen.

Wir haben von den Engelreichen gesprochen. Warum sehen wir die Engel nicht mehr? Weil der Sündenfall eintrat und die Menschenaugen »aufgetan« wurden (1. Mose 3,7), nicht nur für die eigene Blöße, sondern auch für die Nacktheit der Erde. Der aurische Glanz und das atmosphärische Gewand der Schöpfung, und das sind die Engel Gottes, verblaßten für das Menschenschauen, das sich für die Nacktheit der bloßen konturierten Dinge auftat. Geblieben ist weniges als Ahnung der aurischen Himmelsmächte, wie Aurora, die Morgenröte, der Dämmer des Zwielichts, das Gewölk und der Farbenbogen. Wer die Engelanschauung wiederfinden will, muß sich der Gewohnheit der vielgepriesenen nur »nackten Tatsachen«-Anerken-

nung entreißen, muß Wege suchen, sich darüber zu erheben, wie es die Propheten, Gottesfreunde und Geistsucher taten. Oder im Tode auf dem Läuterungswege der Seele wieder die Engel erfahren.
Als aber die paradiesische Urwelt auf Erden erschien, war der Glanz der Engelreiche in ihrer aurisch-atmosphärischen Lichtfülle mit anwesend, »und die Klarheit des Herrn umleuchtete sie« (Luk. 2,9). – Nun ist es eigentümlich, daß Licht und Ton für die Tatsachenwelt der Erde getrennt erlebt werden, daß aber ein künstlerisches Empfinden der Seele beide Qualitäten nahe beieinander und oft ineinander wohnend gewahrt. Man spricht vom »Farbton« und von der »Tonfärbung«, von »Klangfarbe«, »dunklen« und »hellen« Tönen. Und in der poetischen Romantik spielt das Motiv von »der Töne Licht« eine große Rolle. Das Sichdurchdringen von Klang und Licht führt zur atmosphärischen Engelahnung und trägt auch ihre Offenbarung. Darum heißt es in der Weihnachtsgeschichte: »Und alsbald war da ... die Menge der himmlischen Heerscharen, die lobten Gott ...« (2,13). Es glänzte in der Weihnachtsnacht die ursprüngliche Gottesoffenbarung auf, wie sie vor dem Sündenfall war und wie sie nur »oberhalb« des Sündenfalls erlebt werden kann. Und sie wirkt in die Erdentiefen als Friede. In den Menschen aber keimt als Echo solchen Lichtes im Dunkel guter Wille. Damit aber ein Echo möglich wird, durchdringt dieses Bild musikalisches Klanggewoge: »... die lobten Gott und sprachen: Geoffenbaret sei Gott in den Höhen und Friede auf Erden den Menschen, die eines guten Willens sind!«

Der Friede auf Erden: Die Mittlerschaft der Musik zwischen Gottesoffenbarung und menschlichem Willen

Am 6. August 1822 fand in Eger im engsten Freundeskreis Goethes eine Privatmatinee statt. Der Prager Komponist Wenzel Joh. Tomaschek spielte und sang von ihm komponierte Lieder nach Gedichten Goethes. Am Abend war man in Erinnerung an das morgendliche Ereignis beisammen. Goethe sprach über das Musikalische. Im Laufe der Unterhaltung äußerte er zu Tomaschek: »Wer Musik nicht liebt, verdient nicht ein Mensch genannt zu werden; wer sie liebt, ist erst ein halber Mensch; wer sie aber treibt, ist ein ganzer Mensch.«

Goethe war sich des menschenbildenden Wertes der Musik immer bewußt, fühlte auch zuweilen den Mangel, daß er nicht Musikausübender war. Um so mehr pflegte er seine teilnehmende Liebe zur Musik, zu der er ein sehr differenziertes Verhältnis entwickelte. So sagte er einmal, als er im Juni 1826 in seinem Garten eine traurige Melodie von Weber hörte, zum Kanzler von Müller: »Solche weichliche, sentimentale Melodien deprimieren mich; ich bedarf kräftiger, frischer Töne, um mich zusammenzuraffen, zu sammeln. Napoleon, der ein Tyrann war, soll sanfte Musik geliebt haben; ich, vermutlich weil ich kein Tyrann bin, liebe die rauschenden, lebhaften, heiteren ...«

Je älter Goethe wurde, desto mehr rückte in den Mittelpunkt seines musikalischen Interesses die Musik Johann Sebastian Bachs. In Briefen und Gesprächen mehren sich die Zeugnisse der Vorliebe Goethes namentlich für das Bachsche Fugenwerk. So sei die Niederschrift eines Gespräches von L. Rellstab mit Goethe erwähnt, das im Herbst 1821 stattfand. Der Dichter hatte gerade sein 72. Lebensjahr vollendet. »Seine edle Persönlichkeit, das Haupt voller Ausdruck und wahrer Würde, das reiche, schneeweiße Haar, die Freundlichkeit seiner Physiognomie, wenn er eine heitere Mitteilung machte, griff jedem an das Herz. Mit mir sprach er häufig von Musik, selten über etwas anderes ... Von seiner Liebhaberei an Bachschen Fugen sprach er ebenfalls mehrmals; es ist auch der Name des Mannes genannt worden – es war ein Organist des benachbarten Städtchens Berka (Schütz) – der ihm nach Zelters Empfehlung viele von Fugen Bachs vorspielte.«

Goethe war oft in Berka gewesen. Jahrelang hatte ihm der Organist vorgespielt. Immer wieder hatte Goethe sich mit seinem Altersfreund Karl Friedrich Zelter, dem Leiter der Singakademie in Berlin, darüber ausgetauscht. Im Frühjahr 1827 war Zelters letzter Sohn gestorben. Goethe tröstete den gramgebeugten Freund mit einem Trostwort, das nicht schöner und vor allem geistwirklicher gedacht werden kann (19. 3. 1827): »Wirken wir fort bis wir, vor oder nacheinander, vom Weltgeist berufen in den Äther zurückkehren! Möge dann der ewig Lebendige uns neue Thätigkeiten, denen analog in welchen wir uns schon erprobt, nicht versagen! Fügt er sodann Erinnerung und Nachgefühl des Rechten und Guten, was wir hier schon gewollt und geleistet, väterlich hinzu; so würden wir gewiß nur desto rascher in die Kämme des Weltgetriebes eingreifen ...«

Beide Freunde sind alt, sehr alt; Goethe steht im 78. Lebensjahr. Die Möglichkeit eines schnellen Sterbens ist ihm immer mehr bewußt. Wenig später besucht er wieder den Organisten zu Berka. Bachsche Orgelmusik erklingt. Goethe ist tief ergriffen. Warum eigentlich? Hatte er nicht Großes in seinem langen Leben gesehen? auf der Reise nach Italien? und Größeres selbst geleistet? Was ist die Musik, daß sie noch ganz anders als alle anderen Künste unmittelbar die menschliche Seele berührt, als käme sie von Gott selbst? Wieder schreibt Goethe an seinen Freund (vom 21. 6. 27), wie um sich sein musikalisches Erlebnis deutlich zu machen: »Ich sprach mir's aus, als wenn die ewige Harmonie sich mit sich unterhielte, wie sich's etwa in Gottes Busen kurz vor der Weltenschöpfung möchte zugetragen haben.«

Ja, das ist es: die ewige klingende Harmonie kurz vor der Weltenschöpfung, die den »Erstgeborenen der Schöpfung«, den Sohn in tönender Wortoffenbarung gebiert und die, wenn der Gottessohn auf Erden als Kind geboren wird, als Lobpreis der Engelscharen die Offenbarung Gottes oben musikalisch durchwebt und nach unten als den Frieden auf Erden strömen läßt. –

Goethe hatte ein musikalisches Weihnachtserlebnis, und er läßt seinen um neun Jahre jüngeren Freund daran teilnehmen.

Bedeutsam ist es, die beiden alten Menschen sich so als Zeugen eines musikalischen Christgeburtsfestes vorzustellen: mit dem vollen Frieden der Seele auf viele reiche Lebensjahre rückschauend; denn sie beide haben die Möglichkeit der Einwohnung und Geburt des vor der sichtbaren Erdenschöpfung Göttlichen in der menschlichen Seele gewahrt.

Goethe starb am 22. März gegen Mittag. Am 15. Mai darauf ist Zelter gestorben. Die Mutter Felix Mendelssohn-Bartholdys schrieb damals: »In seinen letzten Phantasien sprach er meist nur von Weimar, von der Bach'schen Passion, deren Aufführung in die Zeit von Goethes Tod fiel und ihn deshalb ungewöhnlich stark ergriff ...«

Wir haben dies alles erwähnt, um zu zeigen, wie Weihnachtliches musikalisch in die Menschheit hereinwirkt. Unzählige Male ist dies erfahren und bezeugt worden. Viel tiefere Wirkungen gehen von der Musik aus als z. B. von einem Bilde. Sie regt die Leibesglieder zu Tanzbewegungen an, wer aber fühlte sich je vor einem Bilde veranlaßt, zu tanzen? Es fordert ruhige Betrachtung. Und wieder muß man fragen: Warum eigentlich ergreift Musik so tief? – Folgen wir einer Episode aus Goethes Leben.

Arthur Schopenhauer, durch beide Eltern, aber namentlich durch die Mutter bekannt mit Goethe, hatte 1819 den ersten Band seines Hauptwerkes »Die Welt als Wille und Vorstellung« herausgegeben. Dieser wurde Goethe überbracht. Er »empfing es mit großer Freude, zerschnitt gleich das ganze dicke Buch in zwei Teile und fing augenblicklich an, darin zu lesen. Nach einer Stunde sandte er mir beiliegenden Zettel und ließ sagen, er danke Dir sehr und glaube, daß das ganze Buch gut sei« (aus einem Brief Adele Schopenhauers an ihren Bruder Arthur). »Wenige Tage darauf sagte mir Ottilie, der Vater sitze über dem Buch und lese es mit einem Eifer, wie sie noch nie an ihm

gesehen. Er äußerte gegen sie, auf ein ganzes Jahr habe er nun eine Freude; denn nun lese er es von Anfang zu Ende und denke wohl, so viel Zeit dazu zu bedürfen.« Was ist es, was Goethe an diesem Buche so fesselt? Gewiß nicht nur freundschaftliches Wohlwollen, auch wenn dieses wie so oft mitgespielt haben mag. Goethes Interesse ging auf Sachliches.
Schopenhauer vertritt in dem Buch die Auffassung: Die ganze sichtbare Welt ist meine Vorstellung. Wenn nun auch dieser Wortgebrauch »Vorstellung« nicht ganz richtig ist; denn es ist doch ein Unterschied, ob ich einen Baum vor mir sehe oder ob ich ihn in meiner Seele vorstelle, so liegt doch im Kern Wahrheit darin, daß alles Sichtbare vor etwas hingestellt ist, das mir dadurch verdeckt wird. Die sichtbare Welt ist eine Vor-stellung in diesem Sinne. Nun meint Schopenhauer, diese Vor-stellung ist an einer Stelle durchbrochen: überall da, wo der unterbewußte Wille sich regt. Er ist etwas Unmittelbares, Wirkliches. Wenn aber dieser Wille sich offenbart, dann ist er Musik. – Das war es, was Goethe interessierte, daß er nun für »ein ganzes Jahr eine Freude« habe: die Musik als unmittelbare Offenbarung des Wirklichen und Göttlichen!

Sehen wir nun wieder auf die Geburt Jesu und durch sie auf den Gang der Menschheitsentwicklung hin. Sündlos war einmal die Menschheit. Dann kam der Sündenfall über sie, ihre »Augen wurden aufgetan«, und sie sah die bloßen Dinge und »nackten Tatsachen«. Diese stellten sich vor das Göttliche und seine Engelmächte. Die »Welt als Vorstellung« erstand den Menschenaugen. Aber der göttliche Wille wirkte im Hintergrund und sandte das unschuldige Kind in diese Welt, getragen vom überirdischen Licht der Gottesoffenbarung und dem musikalischen Klanggewoge der Hierarchien. Darum malten die Maler des Mittelalters unzählige Male die Engel bei der Geburt Jesu mit musikalischen Instrumenten, so daß man beim Anschauen Musik zu hören meint. Darum die Wirkung großer musikalischer Meister! Darum die Ergriffenheit Goethes beim Anhören der Fugen von Bach! Die klingende, tönende Offenbarung Gottes zur Weihnacht zeugt sich fort im musikalischen Schaffen und Erleben der Menschheit. Aber die Musik ist Hülle von noch höherem Göttlichen: Das ist das Wort. So schreibt Johannes am Anfang seines Evangeliums: »Im Urbeginne war das Wort . . .« Im Menschenworte klingt es vielfältig nach und ist der Urgrund der Sprache. Das bemerkte einmal K. L. von Knebel, der Freund Goethes: »Das Verdienst der schönen menschlichen Rede, wie mir Goethe jüngst sehr schön dartat, übertrifft weit das des Gesanges. Es ist ihm nichts zu vergleichen; seine Abwechslungen und Mannigfaltigkeiten sind für das Gemüt unzählig . . .« (Mai 1810). Das Wort selber, wenn es unmittelbar den Zuhörer erfaßt, bewegt den Menschengeist am tiefsten: »Die Poesie kann ans Herz sprechen, und dieses ist eigentlich die Stufe, worauf das Publikum unserer Tage steht; daher erhielt Tasso, daher andere so große Zuneigung. Höher kann sie zur Leidenschaft sprechen, ja sie erregen, auch zum Verstand, und hierin bestund vornehmlich Schillers Talent. Aber das Höchste ist, wenn sie an die Imagination spricht, wenn sie, ohne sich ins Detail einzulassen, mit gewaltigen Worten den Zuhörer mächtig faßt und erschüttert. (Er machte hierbei eine Gebärde, wie wenn man einen mit Fäusten an den Haaren faßt und schüttelt.) Das ist es, womit die Alten Großes gewirkt haben, und ihr besonderer und eigener Vorzug« (Goethe zu Heinrich Meyer, 30. April 1807). – Und die erste Hülle des Wortes ist die Musik.

Weihnacht ist das Fest des Sündlos-Musikalischen. Die Geburt des unschuldigen Kindes wird zum Okular, durch das wir gewahren, daß einmal die ganze Menschheit unschuldig aus Gottes Wort und musikalischem Schöpferwillen hervorgegangen ist. Dann verstummte für Erdenohren die Engelmusik. Übriggeblieben waren als Zeichen der Partituren die Geschlechterregister der Ahnenreihe Jesu. Gottessehnsüchtig suchten die Evangelisten Matthäus und Lukas sich darin zu vertiefen. Die Partituren müßten eigentlich erklingen. Aber der göttliche Wille des Musikalischen war den Menschen unbewußt geworden. Der Wille wirkt unhörbar in den Tiefen des Leibes und der Geschlechterfolge. Darum sagte Matthäus: »Abraham zeugte Isaak, Isaak zeugte ...« Wenn aber das Geschlechterregister als stumme Partitur zu Ende gedacht wird, dann übernehmen es die Engel und lassen danach die musikalische Menschenschöpfung und ihr Werden ertönen. Darin wird das Wort Gottes offenbar. Darum ist die Jesusgeburt in Bethlehem umhüllt von der Christgeburt auf Erden.

Die Offenbarung des Wortes Gottes, »das im Urbeginn war, das wir gehört haben« (1. Joh. 1) geschah in Jesus zuerst. Sie kann aber ihrem Wesen nach in jeder Menschenseele geschehen. Das nannten die My-

stiker des ausgehenden Mittelalters die Christwerdung der Seele. Das ist eine innere Tatsache der fortwirkenden Weihnacht. Sie umfaßt noch nicht die ganze Fülle des Christentums, wohl aber ihren Anfang. In Jesus Christus ist die Fülle anwesend, die Himmel und Erde umspannt, wie die Engelhierarchien musikalisch in der ersten Weihnacht den Hirten kundtaten: »... in den Höhen ... und auf Erden ...« Auf Jesus Christus sah der Gottsucher des ausgehenden Mittelalters: »Jesus mihi omnia«, »Jesus ist mir alles«: die ganze »Gottesoffenbarung in den Höhen und der Friede auf Erden den Menschen, die eines guten Willens sind«.
Daß diese Gottesoffenbarung den menschlichen Willen im Frieden durch die Macht des Musikalischen läutert, dafür gibt es unzählige Beispiele. Sang nicht David vor Saul, dessen finsteren Willen zu heilen? Gab es nicht eine Kultur der Barden und Sänger, die Glutgewalten der Völker zu läutern – ein Drachenkampf statt mit dem Schwert mit der Flöte und Leier? Hat nicht Orpheus ein ganzes Kulturzeitalter als Herold im Dienste Christi im »einigen Glück von Sang und Leier« (R. M. Rilke) gewirkt? – Das alles erfüllte sich in der Weihnachtsnacht und ging von ihr wieder aus in die Welt, Frieden unter Menschen und auf Erden durch die Ordnung der »ewigen Harmonie« zu stiften.

Der Friede auf Erden: Der mittlere Mensch zwischen oben und unten

Der Friede auf Erden als Abglanz und Echo der Ordnung der »ewigen Harmonie« ist Ordnungen wirkend. Das ruhige Wachstum alles Lebendigen und die Evolution seiner Metamorphose ist unmittelbarer Ausdruck des Friedens. Zuweilen erscheint er plötzlich in einem Phänomen, dem darum besondere Bedeutung zukommt, weil es zum ruhigen Menschengemüt als ein Verwandtes spricht. Dann erregt es Bewunderung und Andacht. Charlotte von Kalb, die Freundin Schillers, Hölderlins und Jean Pauls, schreibt in einem Brief, wie Goethes lebhaftes Interesse durch eine solche, ihm verwandte Erscheinung hervorgerufen wurde: »Goethe stand am Fenster, hatte eine Glasscheibe in der Hand und einen Bogen, zeigte, wie bei jeder Bewegung des Bogens der Sand auf dem Glase verschiedene Figuren bildete. Das Geringste war ihm bedeutend, was zum Gesetz der Ordnung gehörte, und so interessierte ihn dies wunderbare Spiel lebhaft; und wie unzerstörbar die geheimnisvolle Ordnung der Natur, konnte wohl auch dies Experiment beweisen: die Winde zerstreuen den feinen Sand, der leise Strich des Bogens zwingt die Körnchen zu bestimmten schönen Formen. Es beschäftigten uns seine Versuche in lebendig angeregter Teilnahme mit ihm.«
Die Figuren dieses Versuches sind allgemein bekannt geworden unter dem Namen der »Chladnischen Klangfiguren« nach ihrem Entdecker Ernst Chladni, Physiker in Breslau und Zeitgenosse Goethes. Es ist eine Urerscheinung, daß der Klang eines Tones die

Materie in Figuren ordnet, wie die Musik den Willen durch Vermittlung der Gottesoffenbarung friedvoll, das kann aber nur heißen: zu Ordnungen stimmt.
Wie Goethes ganze innere Seelenverfassung zur Ordentlichkeit neigte, zeigt eine Begebenheit, die er selbst in seinem biographischen Bericht »Belagerung von Mainz« aufgezeichnet hat. Ende Juli 1793 war Mainz, lange von französischen Truppen besetzt, nach längerer Belagerung den verbündeten deutschen Truppen übergeben worden. Goethe befand sich unter den Belagerern vor der Stadt im Quartier seines Herzogs. Den letzten Eingeschlossenen war freier Abzug gewährt worden. Sie erschienen, umgeben von den Einwohnern, unter denen viele wohl auch während der Besatzung zu leiden gehabt hatten. »Gerade in diesem gefährlichsten Momente erschien ein Zug, der sich gewiß schon weit hinweggewünscht hatte. Ohne sonderliche Bedeckung, zeigte sich ein wohlgebildeter Mann zu Pferde, dessen Uniform nicht gerade einen Militär ankündigte, an seiner Seite ritt in Mannskleidern ein wohlgebautes und sehr schönes Frauenzimmer, hinter ihnen folgten einige vierspännige Wagen mit Kisten und Kasten bepackt; die Stille war ahnungsvoll. Auf einmal rauscht' es im Volke und rief: Haltet ihn! schlagt ihn tot! das ist der Spitzbube von Architekten, der erst die Domdechanei geplündert und nachher selbst angezündet hat! Es kam auf einen einzigen entschlossenen Menschen an und es war geschehen.
Ohne weiteres zu überlegen, als daß der Burgfriede vor des Herzogs Quartier nicht verletzt werden dürfe, mit dem blitzschnellen Gedanken, was der Fürst und

General bei seiner Nachhausekunft sagen würde, wenn er über die Trümmer einer solchen Selbsthülfe, kaum seine Tür erreichen könnte, sprang ich hinunter und rief mit gebietender Stimme: Halt!« – Ein Tumult entsteht. Goethe als einzelner steht dem Volkshaufen unerschrocken entgegen: »... wer und wie sie hier auch seien, hätten, mitten in der deutschen Armee, keine andere Rolle zu spielen, als ruhige Zuschauer zu bleiben; ihr Unglück und ihr Haß gebe ihnen hier kein Recht ...«

Es gelingt ihm, seine eigene Sicherheit nicht achtend, die durchaus gefährdet war, Plünderung, Mord und persönliche Rache zu verhindern. Ein Freund, der alles mitangesehen hatte und für ihn fürchten mußte, rief ihm entgegen: »Welche Fliege sticht euch, ihr habt euch in einen Handel eingelassen, der übel ablaufen konnte. Dafür war mir nicht bange, versetzte ich; und findet ihr nicht selbst hübscher, daß ich euch den Platz vor dem Hause so rein gehalten habe? wie säh' es aus, wenn das nun alles voll Trümmer läge, die Jedermann ärgerten, leidenschaftlich aufregten und niemand zugute kämen ...« Aber der Freund konnte sich immer noch nicht beruhigen, »daß ich, mit eigener Gefahr, für einen unbekannten, vielleicht verbrecherischen Menschen so viel gewagt habe. Ich wies ihn immer scherzhaft auf den reinen Platz vor dem Hause und sagte zuletzt ungeduldig: es liegt nun einmal in meiner Natur, ich will lieber eine Ungerechtigkeit begehen als Unordnung ertragen.«

Das war Goethes innerste Geistesart: Er konnte keine Unordnung ertragen, aber nicht, weil das ein philiströser, pedantischer Zug seines Wesen gewesen wäre, nein, er stand im Einklang mit den Ordnungen jener »ewigen Harmonie«, die in den »Chladnischen Klangfiguren« sich ein so bewundernswertes Abbild geschaffen haben. Ruhige Entwicklung und friedvolle Ordnung »unten« als Abbild der ewigen Gottesoffenbarungen »oben« – das bezeichnet die Mittleraufgabe des Menschen in der Welt und seinen Dienst an der Erde. Nun ist der Mensch selbst in seiner ganzen geistig-seelisch-leiblichen Konstitution als ein Mittleres zwischen oben und unten geordnet. Mit unserem »oberen Menschen«, dem Haupte, denken und nehmen wir wahr. Mit unserem »unteren Menschen«, den Stoffwechselorganen und Gliedern, wollen wir und bewegen wir uns. Dazwischen leben wir in der Mitte, in welcher unsere Mittleraufgabe »rhythmisch festgebannt« (Goethe, »Faust« II. Nereus: »Trojas Gerichtstag, rhythmisch festgebannt ...«) als das rhythmische System, Atmung und Pulsschlag, ist. Die rhythmisch vermittelnde Mission ist im Herzen und in der Lunge organische Konstitution geworden.* In ihr begegnet sich der warme Blutschlag des Stoffwechsels von unten herauf mit dem kühlen Atemzug

* Auf die Dreigliederung des menschlichen Organismus hat Rudolf Steiner im Anfang unseres Jahrhunderts zuerst und viele Male aufmerksam gemacht. Sie ist Ergebnis geisteswissenschaftlicher Forschung. Aus der Fülle der Veröffentlichungen der Schüler Rudolf Steiners über dieses umfassende Thema sei nur eine beispielhaft erwähnt, welche an Goethes Geistesart, namentlich an Goethes morphologische Ideen anknüpft: Lothar Vogel, »Der dreigliedrige Mensch – morphologische Grundlagen einer allgemeinen Menschenkunde«, Dornach 1967.

des Hauptes von oben herunter. Zweiundsiebzig Pulsschläge treffen mit achtzehn Atemzügen in der Minute zusammen. Das ergibt ein Verhältnis von Atem und Puls wie eins zu vier, auf das wir im nächsten Kapitel noch zurückkommen werden.

Zwischen dem lichtvollen Denken des »oberen Menschen« und dem warmen Wollen des »unteren Menschen« offenbart sich das ausgleichende Fühlen im »mittleren Menschen« auf dem rhythmischen Wellenschlag von Atem und Puls. In dieser Mitte ist der Mensch ganz bei sich selbst – hinaufblickend zu den Gottesoffenbarungen, die das Denken vermittelt, und hinunterblickend zur Erde, in welcher der Friede durch die Taten des harmonisierenden Willens als Abglanz der Höhen wohnen kann. Es ist, als wäre die Weihnachtsgeschichte, die der Evangelist Lukas erzählt, im dreigegliederten Menschenwesen Gestalt geworden. »Geoffenbaret sei Gott in den Höhen« durch die Kraft des Denkens »und Friede auf Erden den Menschen, die eines guten Willens sind«, und dazwischen, in der mittleren Region von Atem und Pulsschlag, vernehmen das die Hirten in ihren Herzen. Das Herz zeigt die eigene Blutbewegung an, die Lunge vermittelt mit anderen atmenden Wesen. In der atmenden Herzlichkeit, im mitmenschlichen Wohlwollen »mild, vergebend, wohltätig, stets für andere wirkend«, wie Ottilie von ihrem Schwiegervater Goethe bei dessen Tode in einem Brief schrieb – wir erwähnten ihn im Vorwort dieser Schrift –, lebt das Christentum.

Wie Goethes ganzes Wesen zu diesem friedlichen Wohlwollen gestimmt war, zeigt eine andere Begebenheit. Ottilie hatte schon als Kind an Singstunden im Hause Goethes teilgenommen, als Frau Christiane noch lebte. Später entwickelte sich zu Goethes Sohn August ein herzliches Verhältnis. Das Wohlwollen des Vaters begleitete das lebhafte Mädchen. »Als sie schon versprochen war, sagte einmal der Alte zur Braut: Höre Ottilie, ich sage dir eins – mein Sohn will gern immer gelobt sein, da mußt du nichts widersprechen, wenn du Lust hast zum Zanke – so komm zu mir, zanke mit mir, ich kann's ertragen (Brief von Sophie von Schardt, Sommer 1817).

Daß Unfriede und Friede, heftige Gemütsbewegung und ruhige Andacht sofort ihre Wirkungen sowohl im Atem und Puls als auch im Nichtzusammenstimmen oder im Zusammenstimmen beider zeigen, bezeugt die tägliche Erfahrung. Die Weisheit der deutschen Sprache spricht von »stimmen«, »Stimmungen«, »Stimmen«, »man ist gestimmt«, ein Instrument wird »gestimmt«, wobei das Musikalische und der mittlere Mensch ganz nahe beieinander zu denken sind. Weihnachtliches zwischen »oben und unten« geht vom harmonisch gestimmten Instrument und harmonisch gestimmten Menschen aus, eine Lebensstimmung der Sternen- und der Erdenwelt gegenüber, die Goethe seit seiner Jugend suchte und pflegte.

Im Jahre 1779 unternahm Goethe mit dem Herzog eine Reise in die Schweiz. Wir besitzen von Goethes Hand Stimmungszeichnungen der Gebirge und Täler und genaueste Beschreibungen in Briefen, sachliche Berichte des Gesehenen und Erfahrenen. Man wundert sich über die subtilen Detailschilderungen, die Liebe zu den wahrgenommenen Einzelheiten. Aber

sie sind nicht das Wesentliche für den Dreißigjährigen – später werden sie es, und das erkannte Gesetz wird daraus abgezogen, ist doch »der Geist des Wirklichen das wahre Ideelle« (Goethe zu Riemer 1827). Jetzt sind es noch mehr die seelischen Gestimmtheiten: »Mir machte der Zug durch diese Enge eine große ruhige Empfindung. Das Erhabene giebt der Seele die schöne Ruhe, sie wird ganz dadurch ausgefüllt, fühlt sich so gros als sie seyn kann, und giebt ein reines Gefühl, wenn es bis gegen den Rand steigt ohne überzulaufen. Mein Aug und meine Seele konnten die Gegenstände fassen, und da ich rein war, diese Empfindung nirgends falsch wiedersties, so würckten sie was sie sollen. Wenn man solch ein Gefühl mit dem vergleicht, wenn wir uns mühseelig im Kleinen umtreiben, alle Mühe uns geben ... so sieht man erst wie ein armseelig behelf es ist.«
Diese ruhige Lebensstimmung ist der Quell des Schöpferischen und dem göttlich schöpferischen Geist des Erdenurbeginnes ähnlich, »schwebend über dem Urgewässer«.
In Goethes Nachlaß fand sich ein poetisch-musikalisches Bild solcher Lebensgestimmtheit:

»Schwebender Genius über der Erdkugel,
mit der einen Hand nach unten, mit der andern nach oben deutend

Zwischen oben, zwischen unten,
Schweb ich hin zu muntrer Schau,
Ich ergötze mich am Bunten,
Ich erquicke mich im Blau.

Und wenn mich am Tag die Ferne
Luftiger Berge sehnlich zieht,
Nachts das Übermaß der Sterne
Prächtig mir zu Häupten glüht,

Alle Tag und alle Nächte
Rühm ich so des Menschen Los;
Denkt er ewig sich ins Rechte,
Ist er ewig schön und groß.«

Der Friede auf Erden: Die Jahreszeiten

Die Jahreszeiten hängen von der Erden-, Sonnen- und Sternenbewegung ab. Das alles hat sich einmal vor langen Zeiträumen »eingespielt« und ist jetzt, wie es ist. Wir wollen, vom Puls- und Atemrhythmus des Menschen ausgehend, dessen Zeitenumgebung betrachten und sehen, ob sich nicht eine Verwandtschaft zwischen beiden ergibt. Umgeben die Jahreszeiten den Menschen beziehungslos, naturhaft-zufällig, oder sind sie ihm als Atmendem und Pulsschlagerlebendem eine Welt, die dem Rhythmus von Atem und Puls angemessen ist? Wir werden diese Verhältnisse durchdenken müssen, »zwischen oben, zwischen unten«, endet doch auch Goethe sein Gedicht mit einem Aufruf an das Denken: »Denkt er ewig sich ins Rechte ...« Und von Novalis gibt es ein Gedicht, überschrieben »Die Vermählung der Jahreszeiten«, das gleich zu Anfang mit dem Denken beginnt: »Tief in Gedanken stand der neue Monarch. Er gedachte ...«

Der Jahreszeitenrhythmus auf der Erde ist nicht überall gleich. Der der nördlichen Erdhalbkugel ist dem der südlichen entgegengesetzt, obwohl sich dort nirgends so ausgeprägte Zeitenrhythmen des Jahres finden wie auf der nördlichen. Gegen die Äquatorialzone der Erde hin verwandelt sich der vierfache Jahreszeitenrhythmus in nahezu immerwährende Gleichheit. An den beiden Polen wird der Sommer zum Tag, der Winter zur Nacht mit dazwischenliegenden Dämmerungszeiten. Von allen Erdgegenden wollen wir nur die mittlere, gemäßigte Zone der nördlichen Erdhälfte, in der wir wohnen, betrachten.

Denken wir uns die Weihnachtsnacht: der gestirnte Himmel oben, Eis und Schnee unten, Kälte überall. Aber so war es doch nicht in der ersten Weihnacht, damals vor zweitausend Jahren im Heiligen Lande. Ganz sicher lag in jener viel wärmeren Gegend kein Schnee im Winter und gefror das Wasser nicht. Merkwürdig ist es: Im wesentlichen ist das Christentum aus jenen Gegenden nach Norden in unsere Region ausgewandert, wo es im Winter kalt ist und wo der Rhythmus der vier Jahreszeiten für den Menschen so wohltätig wirkt. – Wir wollen nun, um das zu verstehen, die Verwandtschaft des Menschen mit der Erde von einem bestimmten Gestaltbild her betrachten.

Der zweimalige Aufenthalt in seiner südwestdeutschen Heimat am Rhein, Main und Neckar in den Jahren 1814/1815 bewirkte in Goethes Leben eine Regeneration geistig-seelischer und leiblicher Art. Zweimal war Goethe aus seiner Gegenwart zu neuen schöpferischen Ursprüngen geflohen: einmal in die antike Vergangenheit nach Italien, um eine drohende Lebenskrise abzuwenden, und nach dem Ende der Befreiungskriege von der Napoleonischen Herrschaft in die Landschaft seiner Kindheit und Jugend. Hier an den Ufern des Neckars und Mains, als seine Seele, angeregt durch asiatische Reiseschilderungen, in den »reinen Osten« flüchtete, entstand das Gedichtwerk »West-östlicher Divan«. Aber der Weg führt über den Osten hinaus in überschauende Weltbetrachtung. So findet sich gleich zu Anfang, überschrieben mit »Talismane«, diese Strophe:

»Gottes ist der Orient!
Gottes ist der Okzident!
Nord- und südliches Gelände
Ruht im Frieden seiner Hände.«

Ein Rundblick über die Erde schlägt über ihr ein Kreuz der vier Windrichtungen.

Kaum ein Jahrzehnt vorher finden wir in Aufzeichnungen Goethescher Vorträge über die verschiedensten naturkundlichen Gebiete (nach Sophie von Schardt, Anfang Dezember 1805 / 11. Juni 1806) Bemerkungen, daß Goethe das Kreuz als Gestaltungsprinzip der Erde wahrgenommen hatte: »Strömungen der Berge von Norden nach Süden, von Osten nach Westen. Die Erde ist unter dem Meere fortgehend nach denselben Regeln. Inseln sind Köpfe der Berge. In den Richtungen von Norden nach Osten befindet sich das Eisen, von Westen nach Osten die Silberadern.« Wir wollen nicht untersuchen, ob die Eisen- und Silbervorkommen der Erde tatsächlich so angeordnet sind. Wichtig genug erscheint das gestaltende Prinzip; denn an einem durchscheinenden Globus aus Glas wäre das Gebirgskreuz wahrzunehmen: Die Senkrechte durch die beiden Hälften des amerikanischen Kontinentes, die Waagrechte von den europäischen Alpen bis zu den Himalajas in Asien. Dieses Kreuz gleicht dem aufrecht stehenden Menschen, der beide Arme ausgebreitet hat: Zwischen oben und unten, links und rechts ist der Mensch ausgespannt wie an ein Kreuz. In diesem Zeichen offenbart sich eine Verwandtschaft des Menschen mit der Erde.

Sie ist aber noch tiefergehend. – Was wir im folgenden andeuten, darauf hat wohl Rudolf Steiner zuerst hingewiesen. Wenigstens ist uns jemand, der es vor ihm beschrieben hätte, nicht bekannt. Wir wollen nun nicht im einzelnen auf Rudolf Steiners Werk eingehen. Das ist nicht Aufgabe dieses Buches. Wir würden den Überblick über unseren Ideengang verlieren. Daß das Denkbare Allgemeingut ist und dadurch allgemein auf die ethische Bildung des Menschen wirkt, das möchten wir an dieser Stelle als eine Urerfahrung Goethescher Erkenntnisgesinnung hervorheben: »Man ist auf dem Wege einzusehen, daß die Wissenschaft ein allgemeines Vaterland ist« (Goethe an Carl August, 14. Oktober 1822); daß »das Höhere im Wissenschaftlichen ethisch wirkt« (Goethe an Nees von Esebeck, 22. August 1823).

Die Erde ist ein Mensch. »Oben« trägt der Mensch das Haupt, in welchem der Rhythmus des »mittleren« Menschen in heller Gedankenruhe erstirbt. Das ist der innere Nordpol; denn ihr entspricht im Erdorganismus der Nordpol mit seinen Eis- und Schneegebieten. Hier ist die Erde in Gedankenruhe erstarrt. »Unten« bewegt der Mensch seine Gliedmaßen und sein Stoffwechselleben mit unbewußtem, dunklem Willen. Im Erdorganismus entspricht ihm die äquatoriale Zone mit ihren Regenwäldern, Dschungeln und dem dunkelfeuchten Stoffwechsel tropischer Urwaldgebiete. Zwischen »oben und unten« pulsiert atmend das rhythmische System des Menschen, von »links und rechts« begleitet. Ihm entspricht im Organismus der Erde die gemäßigte Zone Europas, die an Osten und Westen angrenzt. So wäre denn die Nordhälfte der Erde einem Menschen vergleichbar und die ganze Erde mit ihren beiden Hälften einem Menschenpaar.

Friedrich Hölderlin hat die Verwandtschaft der Erde mit dem Menschen tief gedacht und künstlerisch immer wieder gestaltet. Eine dieser künstlerischen Gestaltungen finden wir in der großangelegten Hexameter-Ode »Der Wanderer«. Nord und Süd sind nicht nur polare Erscheinungen der Erde; sie sind auch gestaltend im Menschen wirksam. Eine Vorstufe der endgültigen Fassung des Gedichtes beginnt so:

»Süd und Nord ist in mir. Mich erhizte der
Ägyptische Sommer
Und der Winter des Pols tödtet das Leben in mir.«

Eine andere beginnt folgendermaßen:

»Süden kenn ich und Nord Mich erhizte der
Sommer Ägyptens
Und der Winter des Pols hauchte versteinernd
mich an.«

Hölderlin rang um den ihm gemäßen Ausdruck dieser Verwandtschaft. Die endgültige Fassung verwischt dann den Ausgangsgedanken; es entsteht aber gerade dann eine herrlich breit dahinfließende Ode als eine Art mittlere Zone des Menschlichen.

In seinem Roman »Hyperion« ist diese Verwandtschaft von Erde und Mensch wieder zu finden. Die Überschreitung des menschlichen Maßes nach »oben«, nach Norden, beschreibt Hölderlin treffend so: »Der Norden treibt seine Zöglinge zu früh in sich hinein... Der bloße Verstand, die bloße Vernunft sind immer die Könige des Nordens. Aber aus bloßem Verstand ist nie Verständiges, aus bloßer Vernunft ist nie Vernünftiges gekommen.« – Die Überschreitung des menschlichen Maßes nach »unten«, nach Süden, wird als Wille, der despotisch und unerleuchtet gegenüber dem Denken wirkt, charakterisiert: »Wie ein prächtiger Despot wirft seine Bewohner der orientalische Himmelsstrich (Hölderlin meint Ägypten und ebenso wie das antike Griechentum damit den Süden) mit seiner Macht und seinem Glanz zu Boden, und, ehe der Mensch noch gehen gelernt hat, muß er knien ... und das Höchste, was er nennt, ist eine verschleierte Macht ... eine leere Unendlichkeit und da heraus ist nie Vernünftiges gekommen. Auch aus dem erhabensten Nichts wird Nichts geboren.«

Zwischen Denken und Wollen wohnt die menschliche Mitte im Herzen.

Nun ist das Christentum von Vorderasien im wesentlichen in die Mitte der »mittleren Zone«, nach Europa, gezogen und hat dort seine Entwicklungen und Schicksale durchgemacht. Das Christentum nahm seinen Weg von Südosten nach Nordwesten über Griechenland. Der Völkerapostel Paulus trägt es, von Anatolien kommend, an die griechische Küste Europas. Es ist ein bedeutender Augenblick, als das Christentum auf die griechische Hochkultur trifft. Die Apostelgeschichte und die Briefe des Paulus geben davon Zeugnis.

Dieser Augenblick hat oftmals in der Geistesgeschichte des Abendlandes nachgeklungen. Im Grunde lebt das beste abendländische Geistesleben aus der Verbindung des Geistes des Christentums mit der Seele Griechenlands. Schiller, der Goethe als einen Griechen empfand, schrieb diese unvergeßlichen Worte (im Brief vom 23. August 1794): »Nun, da Sie als ein Deutscher geboren sind, da Ihr griechischer Geist in diese nordische Schöpfung geworfen wurde, so blieb Ihnen keine andere Wahl, als entweder selbst zum nordischen Künstler zu werden, oder Ihrer Imagination das, was ihr die Wirklichkeit vorenthält, durch Nachhilfe der Denkkraft zu ersetzen, und so gleichsam von innen heraus auf einem rationalen Wege ein Griechenland zu gebären.«

Und Goethe ging nach Italien, um dieses Griechenland zu suchen. Wie er, es suchend, Italien geliebt hat, dafür wollen wir zwei zeitgenössische Zeugen anführen, um nicht nur solche bedeutenden Augenblicke zu denken, sondern mit erlebender Seele wahrzunehmen. Caroline Herder an ihren Gatten (7. August 1788): »Goethe kam auch heute wieder und sagte mir die besten Folgen Deiner Reise vor. Unter andern sagte er auch, daß er vierzehn Tage vor der Abreise aus Rom täglich wie ein Kind geweint habe.« –

J. v. Unger: »Ein sehr angenehmes Haus, in welchem ich in Rom im Winter 1847/48 durch eine Empfehlung von Ottilie von Goethe Zutritt fand, war das des Dänen Thygeson. Einmal wöchentlich war dort jour fixe. Eines Abends erschien dort ein sehr alter aber auffallend schöner Mann mit einer gleichfalls sehr schönen Dame von etwa dreißig Jahren. Es war der schwedische Konsistorialrat Baron Gyldenstubbe und seine Enkelin, Frau von H. Der alte Herr, welcher sehr gut deutsch sprach, war über meine Höflichkeit sehr erfreut und ebensosehr über den jugendlichen Enthusiasmus, mit dem ich von Rom sprach. Ich war in Ihrem Alter, sagte er, als ich zum ersten Male in Rom war, es ist mir, als wenn ich mich selbst sprechen hörte. Ich habe damals, es ist über sechzig Jahre her, Rom mit der festen Absicht verlassen, es wieder zu sehen; Sie sehen, ich habe sie ausgeführt.

Das ist in Ihrem Alter ein wahres Heldenstück, sprach einer der Zuhörer; denn Sie sind doch gewiß achtzig Jahre alt, Herr Baron. Wo denken Sie hin! erwiderte er, ich bin dreiundneunzig Jahre alt. Und da unternehmen Sie noch eine solche Reise, bloß um Rom wiederzusehen? Nicht darum allein; ich hatte noch einen andern Grund: ich bin hierher gekommen um hier zu sterben. Und weshalb wollten Sie das nicht in Ihrem Vaterlande?

Ach, das sollen Sie wissen. Bei meinem ersten Aufenthalt in Rom lernte ich Goethe kennen, und wir schlossen uns sehr eng aneinander an; denn wir harmonierten wunderbar miteinander. Eines Abends stiegen wir zusammen vom Monte Testaccio herab, und lagerten uns neben die Pyramide des Cestius auf dem Kirchhofe, wo schon damals die Protestanten begraben wurden. Goethes Abreise stand bevor; er war in höchstem Grade ergriffen, und konnte den Gedanken noch gar nicht fassen, sich von Rom trennen und nach Deutschland zurückkehren zu müssen. O, rief er, hier tot zu liegen, das wäre ja schön, unendlich schöner, als in Deutschland zu leben. Höre, Wolfgang, sprach ich zu ihm, du hast noch eine große Aufgabe zu erfüllen, darum mußt du leben, aber was hindert dich, hier neben der Pyramide des Cestius deine letzte Ruhestätte zu suchen? Du hast recht, rief er aufspringend, das will ich, aber du mußt es auch tun! dann vereinigt auch uns beide der Tod wieder. – Schwöre mir, daß wir beide im Tode hier wieder zusammentreffen werden. Ich schwöre es dir, sprach ich; dann schlossen wir einander lange und fest in die Arme. Am folgenden Tage reiste er ab – und ich habe ihn nicht wieder gesehen.«

Warum hat Goethe die griechische Geistesart, für die ihm das antike Rom so bedeutend transparent erschien, mit ganzer Seele geliebt? – Weil die griechische eine Kultur war, die das Christentum verstehen konnte; ist doch das Neue Testament zuerst in griechischer Sprache aufgeschrieben. Griechische Sprache und Gedankengeistigkeit wird zum ersten Gewand des sich über die Erde hin ausbreitenden Christentums. Aber dies bewirkte noch nicht die Liebe Goethes zum griechischen Wesen, obwohl er das Neue Testament im Urtext fließend lesen konnte. Es liegt noch etwas anderes vor.

Wir sprachen vom Rhythmus des »mittleren« Menschen, der sich im Pulsschlag und Atem offenbart:

Einmal atmen wir ein und aus, vier Pulsschläge begleiten diesen Vorgang. Der Einatmungszug »fällt« vom kühlen, gedankentragenden Haupt herunter, der Blutstrom »steigt« vom warmen, willensbewegten Stoffwechsel herauf. Beide begegnen sich in der menschlichen Mitte. Wird nun diese atmend pulsierende Mitte vom Rhythmus einer Strophe begleitet, so ergibt sich das poetische Metrum des Hexameters: Einatmen und erster Pulschlag, dann beim Ausatmen ungefähr drei Pulsschläge: »Tief in Gedanken stand der . . .« wieder einatmen und erster Pulsschlag, dann wieder beim Ausatmen drei Pulsschläge: ». . . neue Monarch. Er gedachte . . .« Und so fort. – Das ist das Metrum der großen homerischen Epen, rhythmisch strömend und stark wie die Brandung des Meeres an den vielen Küstenlinien von Hellas. Dieses ist eine der Wortoffenbarungen der Kultur Griechenlands, welche die hellenischen Jünglinge in Chören in ihren Gymnasien übten. Diese Kultur der rhythmischen Mitte konnte das Christentum aufnehmen, das in der menschlichen Mitte seinen seelischen Urquell hat. Und dieser Kultur der Mitte fühlte sich Goethe verwandt, die er durch das Transparent römischer Denkmäler so liebte, daß er seit der Trennung von Italien, wie er einmal sagte, »keinen glücklichen Tag« mehr gehabt habe. Goethes Nachtrauer war echt und völlig unsentimental.

Aber Goethe kehrte in den Norden nach Mitteleuropa zurück, um mit dem »Sich-ins-Rechte«-Denken auf einem »rationalen Wege ein Griechenland zu gebären«. Seine Umgebung kommt ihm dabei entgegen; nicht die menschliche – Herder ist ihm gallig entfremdet, Frau von Stein empfindlich beleidigt –, aber die natürliche: die Jahreszeitenumgebung der mittleren Zone Europas.

Denken wir noch einmal an das Metrum des Hexameters als an den würdigsten Ausdruck des menschlichen rhythmischen Systems im Worte. 1796, acht Jahre nach seiner Rückkunft von Rom, schreibt Goethe in wenigen Wochen zum wahrhaftigen Erstaunen Schillers die Hexameter-Dichtung »Hermann und Dorothea«, von der Herman Grimm als von einem »großen Werk« sprach, »das im artistischen Sinn als die schönste und tadelloseste und im reinmenschlichen Sinn als die wahrste aller seiner Dichtungen dasteht« (Grimm, »Goethe«, 25 Vorlesungen vom Jahre 1874 an der Berliner Universität, die 22. Vorlesung), im besten Sinne des Schillerschen Ausdrucks ein rationales Griechenland, in den Norden versetzt.

Verweilen wir noch ein wenig bei dieser Dichtung, der menschlich und geistig aromatischsten Frucht aus Goethes Zeit »antiker Form sich nähernd« und der innerlichen Begegnung mit der Seele Griechenlands. Goethes eigenes Urteil über »Hermann und Dorothea« ist merkwürdig genug: »Diejenigen Vorteile, deren ich mich in meinem letzten Gedicht bediente, habe ich alle von der bildenden Kunst gelernt« (8. April 1797). Er weist auf Wortbildungen, die von der Plastik Griechenlands ihre Bildung herleiten: »So erschienen mir dieser Tage einige Szenen im Aristophanes völlig wie antike Basreliefe ...« Aber wie sind diese Bildungen in Goethes großem Gedicht menschlich innerlich geworden! Wir möchten hier auf einen der bedeutendsten Kenner des Goetheschen Lebenswerkes der Gegenwart verweisen. Heinrich Meyer schreibt (in seinem Werk »Goethe, Das Leben im Werk«, Stuttgart 1967) über »Hermann und Dorothea«: »Er (Goethe) rechnete mit etwa 2000 Versen, als er ungefähr die Hälfte geschrieben hatte, und er hat seine Schätzung nur mit wenigen Zeilen überschritten. Dies war keine Traumwelt, alles hat seinen Platz.« Wie bei einem großen, klaren, überschaubaren griechischen Relief. Dann stimmt Heinrich Meyer ganz mit dem Urteil Herman Grimms zusammen: »An Kunst und Durchdringung ist diesem Werk in der deutschen Sprache keines überlegen ... Je mehr man diese Szenen entstehen sieht, wie sie der Dichter aus dem Rohmaterial herausbildete, desto zarter und liebevoller erscheint uns Goethes Charakter.« Das ist es: Die Klarheit der Bilder, die feinsten Motivierungen des Fortganges, das Werk als Kunstgebilde ist griechisch, eben in der Bildart und Wortgewalt – aber im Inhalt pulsiert und atmet die reine Mitte des Menschlichseins, so daß Heinrich Meyer am Schluß seines 700seitigen Werkes noch einmal »die vielgeliebten Züge« Goethes vor die Erinnerung stellt: »Wenn einer, bei aller wissenschaftlichen Willigkeit und menschlichen Anständigkeit nicht empfindet, was in Goethe lebte, wenn er etwa nicht weiß, wie man über ›Hermann und Dorothea‹ zu Tränen gerührt werden kann, dann wird er Goethe nur verfälschen. Das Verständnis für echte Dichtung ist im Schwinden ...«

Sehen wir nun, wie der Rhythmus der menschlichen Mitte, im Hexameter offenbar, in den Jahreszeiten der gemäßigten Zone Europas eine ihm gemäße Zeitumgebung findet. Man kann ja nach unserem bisherigen Gedankengang das rhythmische System des Menschen eine innere »gemäßigte Zone« nennen, in welcher der kühle Atem des inneren »Nordens« mit dem warmen Blut des inneren »Südens« zu einem harmonischen Ausgleich gelangt.

Von der Äquatorialzone der Erde strömt die Wärme nach Norden, vom Erdennordpol die Kälte nach unten, nach Süden. In der gemäßigten Zone Europas findet in einem rhythmischen Geschehen der Ausgleich beider Ströme statt. Er ist nicht mechanisch-abstrakter, sondern organisch-lebendiger Natur. Der Kältezustrom vom Norden her hat im Winter seine Jahreszeit: Die Erde atmet von ihrem »Denkpol« her ein, so wie der Mensch vom Haupte her in sein rhythmisches System einatmet. Der menschlichen Ein- und Ausatmung entsprechen vier Pulsschläge des Blutes. Dieses selbe Verhältnis kommt auch in den Jahreszeiten zum Ausdruck.

Einatmung und Ausatmung sind nahezu gleichmäßig auf vier Pulsschläge verteilt, wobei die Einatmung in der Regel kürzer ist als die Ausatmung. Man kann nun nicht zeitlich abmeßbar exakt sagen: Einatmen und erster Pulsschlag – Winter, Ausatmen und drei Pulsschläge – Frühling, Sommer, Herbst. Aber mit dem Winterviertel des Jahres erreicht die Einatmung ihren tiefsten Stand, und die Ausatmung kommt im Sommer zum Stillstand und geht im Herbst wieder in die Einatmung über. Die Jahresrhythmen sind wie alle Rhythmen lebendig in Übergängen fließend. Aber ihr Verhältnis von Kälte- und Wärmewirkung ist wie das der Atmung zum Pulsschlag: eins zu vier. Und diese Kälte- und Wärmewirkung hat in der Atmung selbst ihre Spur durch die Tatsache hinterlassen, daß eben die Einatmung (Kältewirkung vom Haupt herunter) in der Regel zeitlich kürzer ist als die Ausatmung (Wärmewirkung vom Leib herauf).

Die jahreszeitliche Umgebung der gemäßigten Zone, der menschlichen Mitte am meisten entsprechend, kam Goethe ahnend zum Bewußtsein, als er von Italien, dem Land, das ihm so transparent für die vergangene griechische Kultur der Mitte war, die ihren vollendeten Ausdruck im poetischen Metrum des Hexameters fand, wiederkehrte. Und so schrieb Goethe im tiefen Gefühl aller dieser Verhältnisse »im reinmenschlichen Sinn als die wahrste aller seiner Dichtungen«, die Hexameter-Dichtung »Hermann und Dorothea«.

Die gemäßigte Zone mit ihren rhythmisch abwechselnden vier Jahreszeiten wurde zur Zeitenumgebung der menschlichsten aller Religionen: des Christentums. Darum wanderte das Christentum von Vorderasien aus, wurde vom Völkerapostel Paulus nach Hellas getragen und kam in das Land rhythmisch sich abwechselnder Jahreszeiten, um sich in ihnen zeitlich zu verleiblichen. Die Jahreszeiten sind das Gewand des mittleren Menschen und des heilenden, gesundmachenden Christentums. Erst in Europa wurde Christus der Herr der Rhythmen und der Heiler durch die Wohltat der Rhythmen.

Und der »Heiland« des Menschentums wird mitten im Winter geboren, wenn der Pulsschlag der Erde mit ihrer Einatmung vom »Denkpol« her zusammenfällt, wenn die kosmische Kühle und Klarheit, dem Denken des Menschen verwandt, über die gemäßigte Zone der Erde kommt. Darum ist die Weihnachtsmystik in Mitteleuropa, die seit dem ausgehenden Mittelalter aufkam, berechtigt. Im tiefen Winter wird Jesus Christus, der von sich sagt: »Ich bin ... die Wahrheit ...«, geboren. Die Erde »denkt« in der Winterruhe. Ihr höchster und lauterster Gedanke ist der Geist der Wahrheit selbst, der in das Erdenwesen und in die Seelen der Menschen einwirkt.

Was nun im Winter von der Erde »denkend« eingeatmet wird, atmet sie gegen den Sommer hin wieder aus. In das Lebensgefühl des ganzen Jahres soll das Christentum sich hineinergießen. Das »Heilige Land« lag früher physisch festgebannt als Palästina in Vorderasien. Jetzt ist das »Heilige Land« »rhythmisch festgebannt« im Zeiterleben der gemäßigten Zone der Erde. Es ist ein Land alles Lebendigen. Die rhythmisch lebendige Natur wird zur Wohnung Jesu Christi, welcher sich die Menschenseele nur allmählich zu nähern vermag.

Christus, der Herr der Menschenseele und der Herr der lebendigen Erde, führt zum Gesundsein der Seele, wenn sie aus der rhythmischen Mitte ihres Lebens den Sinn für das Lebendige der Erde entwickelt. Diese Stimmung belebte Goethe in sich bis in sein höchstes Alter und gibt von ihr immer wieder Zeugnis ab, so einmal in einem Gespräch mit dem Philosophen Georg Wilhelm Hegel: »Da lobe ich mir das Studium der Natur ... Denn hier haben wir es mit dem unendlich und ewig Wahren zu tun, das jeden,

der nicht durchaus rein und ehrlich bei Beobachtung und Behandlung seines Gegenstandes verfährt, sogleich als unzulänglich verwirft. Auch bin ich gewiß, daß mancher dialektisch Kranke im Studium der Natur eine wohltätige Heilung finden könnte.«
Aber die wohltätige Wirkung des Studiums der Natur erweist sich nur, wenn der Betrachter sich wirklich durch sinnliche Anschauung auf sie einläßt und ihre Wege verfolgt. Das unterschied Goethes Geistesart von vielen seiner Umgebung, auch von der Schillers und Herders. So äußerte Goethe einmal (im Februar 1809 zu Falk): »Im ersten Bande von Herders Ideen zur Philosophie der Geschichte der Menschheit sind viele Ideen, die mir gehören, besonders im Anfange. Diese Gegenstände wurden von uns damals gemeinschaftlich durchgesprochen. Dazu kam, daß ich mich zu sinnlichen Betrachtungen der Natur geneigter fühlte, als Herder, der immer schnell am Ziele sein wollte und die Idee ergriff, wo ich kaum noch einigermaßen mit der Anschauung zustande war...« Und zehn Jahre später bemerkte Goethe (zu Riemer), daß zu schnell am Ziele sein wollen die menschliche Seele krank macht: »Der liebe Gott könnte uns recht in Verlegenheit setzen, wenn er uns die Geheimnisse der Natur sämtlich offenbarte: wir wüßten vor Unteilnahme und Langeweile nicht, was wir anfangen sollten.« Goethes geduldiger Sinn für das ruhige Wachstum und die Evolution der Naturvorgänge veranlaßte ihn, über seine morphologischen Hefte als Geleitwort eben die Strophe aus dem Buche Hiob zu setzen:

»Siehe er geht vor mir über
ehe ich's gewahr werde,
und verwandelt sich
ehe ich's merke.«

Der Genius der Jahreszeiten geht in rhythmischer Verwandlung über die Erde hin. Ihm galt Goethes fromme Verehrung. Aus solcher Gestimmtheit schrieb er das im Anfang dieses Kapitels angeführte Talisman-Gedicht aus dem »West-östlichen Divan«: Ein Kreuz ist über die Erde geschlagen ... und wir fügen hinzu: Der an das Kreuz ausgespannte Gott und Mensch ist der Geist dieser Erde. – Daß aus dem unmittelbaren Umgang mit der Wahrheit, die Goethe aus der Anschauung der lebendigen Natur gewann, ihn religiöses Empfinden beseelte, hat er selbst oft ausgesprochen. Wurde aber diese sachliche, in geduldiger Mühe durch Anschauung des göttlichen Wirkens errungene und täglich bewahrte Religiosität durch Frömmelei oder schiefe Gleichnisse und Symbole verletzt und beleidigt, so konnte Goethe ohne alle Fassung zornig und bis in sein leibliches Befinden hinein gekränkt werden. Seine Abneigung gegen mancherlei kirchliches Getriebe hat den Grund in seiner absolut spirituellen Redlichkeit. Er, der täglich schwer Arbeitende wie ein Landmann bei Bestellung seines Ackers, der zeit seines Lebens keine »vier Wochen Behagen«, wie er vertraulich Eckermann mitteilte, gehabt hatte, konnte nun einmal geistige Unredlichkeit nicht vertragen. Gegen das unberechtigte mystische Wesen hegte Goethe eine Abneigung, von der »man sich keinen Begriff machen kann« (W. von Humboldt, vom 31. Dezember 1808). H. Steffens schreibt vom gleichen Tage, daß der Dichter Zacharias Werner eines seiner Sonette Goethe vorlas. Die Tafelgesellschaft war bis zu diesem Augenblick heiter und liebenswürdig gewesen. »Der Inhalt des Sonetts war der köstliche Anblick des vollen Mondes, wie er in dem klaren italienischen Himmel schwamm. Er verglich ihn mit einer Hostie. Dieser schiefe Vergleich empörte mich, und auch auf Goethe machte er einen widerwärtigen Eindruck; er wandte sich an mich. Nun, Steffens, fragte er äußerlich ruhig, indem er einen geheimen Ingrimm zu verbergen suchte, was sagen Sie dazu? Herr Werner, antwortete ich, hatte vor einigen Tagen die Güte, mir ein Sonett vorzulesen, in welchem er sich darüber beklagte, daß er zu spät, zu alt nach Italien gekommen wäre; ich glaube einzusehen, daß er recht hat. Ich bin zu sehr Naturforscher, um eine solche Umtauschung zu wünschen. Das geheimnisvolle Symbol unserer Religion hat ebensoviel durch einen solchen falschen Vergleich verloren, wie der Mond. Goethe ließ sich nun völlig gehen und sprach sich in eine Heftigkeit hinein, wie ich sie nie erlebt hatte. Ich hasse, rief er, diese schiefe Religiosität; glauben Sie nicht, daß ich sie irgendwie unterstützen werde. Auf der Bühne soll sie sich, in welcher Gestalt sie auch erscheint, wenigstens hier, nie hören lassen! Nachdem er auf diese Weise sich eine Zeitlang und immer lauter ausgesprochen hatte, beruhigte er sich. Sie haben mir meine Mahlzeit verdorben, sagte er ernsthaft; Sie wissen ja, daß solche Ungereimtheiten mir unausstehlich sind. Sie haben mich verlockt, zu vergessen, was ich den Damen schuldig bin. – Er faßte sich nun ganz, wandte sich entschuldigend zu den Frauen, fing ein gleichgültiges Gespräch an, erhob sich aber bald, entfernte sich, und man sah es ihm wohl an, daß er tief verletzt war und in der Einsamkeit Beruhigung suchte.«

Auch diese Begebenheit zeigt Goethes zarte und redliche Menschlichkeit, oftmals verkannt und doch immer wieder wahrgenommen. So schrieb (um die Jahreswende 1794/95) Hölderlin an Hegel: »Goethen hab' ich gesprochen, Bruder! Es ist der schönste Genuß unseres Lebens, so viel Menschlichkeit zu finden, bei so viel Größe. Er unterhielt mich so sanft und freundlich, daß mir recht eigentlich das Herz lachte und noch lacht, wenn ich daran denke.«

»Ist auf deinem Psalter, Vater der Liebe, ein Ton seinem Ohre vernehmlich ...«

Im Winter des Jahres 1777 unternahm Goethe achtundzwanzigjährig seine weithin bekannt gewordene Harzreise. Erinnern wir uns dessen, was wir im vorigen Kapitel über den rhythmischen Wechsel der Jahreszeiten und namentlich über den Winter gesagt haben, so erhält Goethes Bemerkung: »Alles Winterwesen hatte überdies in jener Zeit für mich große Reize«, noch einen tieferen Sinn, als daß er sich nur jenes stürmischen Novembers freute. Die »großen Reize«, wenn auch in der Jugend mehr unbewußt, bestehen darin, daß im »Winterwesen« die Erde kühl von »oben«, vom Gedankenpol der Erde her kos-

mische Klarheit einatmet. Diese Klarheit, von der Mitte des Menschen empfunden und dann selbst in Gedanken hell erlebt, vermag das Menschenwesen in seiner bewußten Gesundheit zu stärken. Die Empfindung solcher Gesundheit und Stärke schlug sich in der dithyrambischen Seelenfreude nieder, mit welcher Goethe seine »Harzreise im Winter«, in der doch so viel Sorge mitklingt, besang.
Goethe war sich dieser winterklaren Freude wohlbewußt. Noch bis in den Sommer, der darauf folgte, klingt sie nach. Im August 1778 schreibt er an Merk: »Letzten Winter hat mir eine Reise auf den Harz das reinste Vergnügen gegeben. Du weißt, daß so sehr ich hasse, wenn man das Natürliche abenteuerlich machen will, so wohl ist mir's, wenn das Abenteuerliche natürlich zugeht. Ich machte mich allein auf, etwa den letzten November, zu Pferd, mit einem Mantelsack und ritt durch Schossen, Frost und Koth auf Nordhausen, den Harz hinein in die Baumannshöhle ... und stand den 8. Dez., glaub' ich, mittags um eins auf dem Brocken oben in der heitersten, brennendsten Sonne, über dem anderthalb Ellen hohen Schnee und sah die Gegend von Teutschland unter mir alles von Wolken bedeckt, daß der Förster, den ich mit Mühe persuadirt hatte, mich zu führen, selbst vor Verwunderung außer sich kam, sie da zu sehen, da er viele Jahre am Fuße wohnend das immer unmöglich geglaubt hatte. Da war ich vierzehn Tage allein, daß kein Mensch wußte, wo ich war.«
Gewiß, die Reise galt vornehmlich dem Ilmenauer Bergwerk und Goethes mächtig keimendem Interesse,

obgleich er »nur die allgemeinsten Begriffe von Bergbau allenfalls besaß«, am mineralischen Wesen der Erde, wovon wir im nächsten Kapitel noch sprechen wollen. Aber die Fahrt nach Wernigerode hatte noch einen ganz anderen Zweck.
Goethe hatte brieflich die Bekanntschaft eines jungen Mannes gemacht, Plessing, Sohn des Superintendenten von Wernigerode. Dieser hatte sich in seiner Seelennot an Goethe gewandt, der, obgleich selbst noch jung, für viele schon wie eine Art Beichtvater war. Immer wieder hatten Menschen aus den verschiedensten Umständen heraus die seelsorgerliche Fürsorge Goethes zu Hilfe gerufen. So berichtet Caroline Sartorius, daß sie den Eindruck bei einer Vorlesung Goethes gehabt habe, daß es »wohl nie einen Dichter gegeben hat, der in das weibliche Gemüt so tiefe Blicke getan hat, es ist als ob das ganze Geschlecht von der Edelsten bis zur Niedrigsten bei ihm Beichte gesessen«. Auch Plessing war also sein Beichtkind.
Goethe, dem Beichtvater, war alles hypochondrische Wesen zutiefst zuwider, obwohl er hin und wieder selber unter Verstimmungen litt. Aber er wußte, daß sie zumeist ohne äußere Verursachung im Innern der Seele aufstiegen. Dann kämpfte er dagegen: »Verzogen sich einige hypochondrische Gespenster. Es offenbaren sich mir neue Geheimnisse. Es wird mir noch bunt gehen. Ich übe mich und bereite das möglichste. In meinem iezzigen Kreis hab ich wenig, fast gar keine Hinderung außer mir. In mir noch viele. Die menschlichen Gebrechen sind rechte Bandwürmer, man reist wohl einmal ein Stück los und der Stock bleibt immer sizzen. Ich will doch herr werden« (Mai 1780).

Aber das hypochondrische grüblerische Wesen lag schon in der Zeit und sollte fünfzig Jahre nach jener denkwürdigen Harzreise noch stärker, ja Mode und als »Hypochondrismus« wissenschaftlich installiert werden. Selbstmordstimmungen, seelische Labilitäten wurden gepflegt, Ehekatastrophen, pädagogische Schwierigkeiten, abstrakt künstelnde Sentimentalitäten – das ganze unselige Wesen grüblerischer Selbstbeschäftigung, die »Heautontimorumenie« kam auf: das Schattenbild der Selbsterkenntnis. »Diese gerühmte Heautognosie sehen wir schon seit geraumer Zeit nur auf Selbstqual und Selbstvernichtung auslaufen, ohne daß auch nur der mindeste praktische Lebensvorteil daraus hervorgegangen wäre« (Goethe an Hegel, 17. September 1827). »Das Wort ›Erkenne dich selbst‹ heißt ganz einfach: Gib einigermaßen Acht auf dich selbst, damit du gewahr werdest, wie du zu deinesgleichen und der Welt zu stehen kommst. Hiezu bedarf es keiner psychologischen Quälerei; jeder tüchtige Mensch weiß und erfährt, was es heißen soll ...« (aus »Makariens Archiv« der »Wanderjahre«). Gewiß ist damit nicht der letzte Sinn der antiken Mysterienformel: »Erkenne dich selbst« erfüllt, wohl aber sein erster, nämlich, daß Selbsterkenntnis nicht allein in der Seele, sondern nur tätig an der Welt gefunden werden kann. Selbsterkenntnis und Welterkenntnis bedingen einander, wie Goethe etwa von »unsäglicher Freude« ergriffen, fern von jeder hypochondrischen Selbstsucht menschliche Selbstbestätigung gewahrt, als er das »Glück« erfährt, die anatomische Entdeckung des menschlichen Zwischenkieferknochens gemacht zu haben. Nachts schreibt er (am 27. März 1784), als ihn vor Glückseligkeit der Schlaf mied, an Herder: »Nach Anleitung des Evangelii muß ich dich auf das eiligste mit einem Glück bekannt machen, das mir zugestoßen ist. Ich habe gefunden – weder Gold noch Silber, aber was mir eine unsägliche Freude macht – das os intermaxillare am Menschen! Ich verglich mit Lodern Menschen- und Tierschädel, kam auf die Spur und siehe da, es ist es. Nun bitt' ich dich, laß dich nichts merken, denn es muß geheim behandelt werden. Es soll dich auch recht herzlich freuen, denn es ist wie der Schlußstein zum Menschen ...« – Doch nun zurück zu Plessing.

Gleich vom ersten Brief an steht seine Seelenart vor Goethes diagnostischem Blick: »Zu manchem andern, brieflichen und persönlichen Zudrang erhielt ich in der Hälfte des Jahres 1776 von Wernigerode datiert, Plessing unterzeichnet, ein Schreiben, vielmehr ein Heft, fast das Wunderbarste, was mir in jener selbstquälerischen Art vor Augen gekommen; man erkannte daran einen jungen, durch Schulen und Universität gebildeten Mann, dem nun aber sein sämtlich Gelerntes zu eigener, innerer, sittlicher Beruhigung nicht gedeihen wollte« (dies und das Folgende aus »Kampagne in Frankreich«).

Goethe war von Natur aus mitfühlend, wie denn ohne Interesse und Anteilnahme überhaupt keine echte Erkenntnis gewonnen werden kann: »Wollte nun aber dieser Anteil lebhaft werden, suchte man sich die Zustände des Leidenden näher zu entwickeln, so glaubt man statt des Duldens Eigensinn, statt des Ertragens Hartnäckigkeit, und statt eines sehnsüchtigen Verlangens abstoßendes Wegweisen zu bemerken. Da ward mir denn nach jenem Zeitsinn der Wunsch lebhaft rege, diesen jungen Mann von Angesicht zu sehen; ihn aber zu mir zu bescheiden, hielt ich nicht für rätlich.« Der Plan war gemacht. Goethe verband die Besichtigung des Ilmenauer Bergwerkes mit einer Reise nach Wernigerode.

Es war ein stürmischer, unfreundlicher Winterbeginn. Indessen eine ganze Jagdgesellschaft ritt los. Tage waren vorausgegangen, die Goethe in seinem Tagebuch besonders vermerkte. Denken wir wieder daran, wie die Erde ihr Winterwesen von ihrem »Gedankenpol« her in kühler, kosmischer Klarheit einatmet. Im menschlichen Spiegel solcher Klarheit finden wir Goethes Aufzeichnungen: 13. November: »Reine Ruh«; 14. November: »Mir wars hold in der Seele«; zwei Tage später: »Stiller heitrer Tag«; und am 30. November, dem Beginn der Harzreise: »War den ganzen Tag in gleicher Reinheit.« In solcher Stimmung der Seele macht sich Goethe auf den Weg. »Indem sich nun die Jagdlustigen nach einer andern Seite hin begaben, ritt ich ganz allein dem Ettersberge zu und begann jene Ode, die unter dem Titel: Harzreise im Winter so lange als Rätsel unter meinen kleineren Gedichten Platz gefunden. Im düstern und von Norden her sich heranwälzenden Schneegewölk schwebte hoch ein Geier über mir.« Ein erhabenes Bild der Winterlandschaft.

Nun besucht Goethe die Baumannshöhle. Bemerkungen über das Wesen des Mineralischen finden wir in den Aufzeichnungen darüber. Dann aber »wieder ans Tageslicht gelangt schrieb ich die notwendigsten Bemerkungen, zugleich aber auch mit ganz frischem

Sinn die ersten Strophen des Gedichts, das unter dem Titel: Harzreise im Winter, die Aufmerksamkeit mancher Freunde bis auf die letzten Zeiten erregt hat; davon mögen denn die Strophen, welche sich auf den nun bald zu erblickenden wunderlichen Mann beziehen, hier Platz finden, weil sie mehr als viele Worte den damaligen liebevollen Zustand meines Inneren auszusprechen geeignet sind.«
Wir wollen nun das Gedicht »Harzreise im Winter« hier folgen lassen, in welchem in so merkwürdiger Weise Goethes helle Seelenfreude als Spiegel der Winterverhältnisse sich mit der Fürsorge um eine erkrankte menschliche Seele mischt:

»Aber abseits wer ist's?
Ins Gebüsch verliert sich sein Pfad,
Hinter ihm schlagen
Die Sträucher zusammen,
Das Gras steht wieder auf,
Die Öde verschlingt ihn.

Ach, wer heilet die Schmerzen
Des, dem Balsam zu Gift ward?
Der sich Menschenhaß
Aus der Fülle der Liebe trank?
Erst verachtet, nun ein Verächter,
Zehrt er heimlich auf
Seinen eigenen Wert
In ungenügender Selbstsucht.

Ist auf deinem Psalter,
Vater der Liebe, ein Ton

Seinem Ohre vernehmlich,
So erquicke sein Herz!
Öffne den umwölkten Blick
Über die tausend Quellen
Neben dem Dürstenden
In der Wüste.«

Es ist nicht einfach poetischer Seelenaufschwung, der den im Schneesturm wandernden und singenden Goethe bewegt. Plessings Briefe, die er »in- und auswendig kennt«, trägt er im »liebevollen Zustand« in die Größe eines Naturvorganges hinein, willens, dem Melancholiker damit aufzuhelfen. Es ist wie ein mythisches Bild, Goethe so durch das Schneegestürm als bardischen Therapeuten ziehen zu sehen.

Inkognito tritt er bei Plessing ein. »Das hereingebrachte Licht ließ mich den jungen Mann nunmehr ganz deutlich erkennen, er glich seinem Briefe völlig, und so wie jenes Schreiben erregte er Interesse ohne Anziehungskraft auszuüben.« Wieder sieht Goethes seelische Scharfsichtigkeit, die doch zugleich voller Milde und Helfenwollen war, die Erkrankung der Seele seines Gegenüber: ». . . man konnte zwar dem jungen Mann eine Achtung nicht versagen, eine Teilnahme, die mich denn auch auf einen so wunderlichen Weg geführt hatte: denn ein ernstliches Wollen sprach sich aus, ein edler Sinn und Zweck; aber obschon von den zärtlichsten Gefühlen die Rede war, blieb der Vortrag ohne Anmut, und eine ganz eigene beschränkte Selbstigkeit tat sich kräftig hervor.«

Ein Mensch steht vor Goethe, der niemals durch die »Schule der Natur« gegangen war, dessen Denken

ohne interessierte Anschauung nun sich in sich selbst friedlos und zugleich ohne schöpferische Unruhe verkrampfen mußte. »Indessen war mir der bedauernswürdige Zustand dieses jungen Mannes immer deutlicher geworden; er hatte nämlich von der Außenwelt niemals Kenntnis genommen, dagegen sich durch Lektüre mannigfaltig ausgebildet, alle seine Kraft und Neigung aber nach innen gewendet und sich auf diese Weise, da er in der Tiefe seines Lebens kein produktives Talent fand, so gut als zu Grunde gerichtet; wie ihm denn sogar Unterhaltung und Trost, dergleichen uns aus der Beschäftigung mit alten Sprachen so herrlich zu gewinnen offen steht, völlig abzugehen schien.«
Man spürt Goethes Erschütterung über solchen Zustand noch in den viel später aufgeschriebenen Erinnerungen daran. »Da ich an mir und andern schon glücklich erprobt hatte, daß in solchem Fall eine rasche gläubige Wendung gegen die Natur und ihre grenzenlose Mannigfaltigkeit das beste Heilmittel sei, so wagt' ich alsobald den Versuch es auch in diesem Falle anzuwenden und ihm daher nach einigem Bedenken folgendermaßen zu antworten: ... man werde sich aus einem schmerzlichen, selbstquälerischen, düsteren Seelenzustand nur durch Naturbeschauung und herzliche Teilnahme an der äußeren Welt retten und befreien. Schon die allgemeinste Bekanntschaft mit der Natur, gleichviel von welcher Seite, ein tätiges Eingreifen, sei es als Gärtner oder Landbebauer, als Jäger oder Bergmann, ziehe uns von uns selbst ab; die Richtung geistiger Kräfte auf wirkliche wahrhafte Erscheinungen gebe nach und nach das größte

Behagen, Klarheit und Belehrung: wie denn der Künstler, der sich treu an die Natur halte und zugleich sein Inneres auszubilden suche, gewiß am besten fahren werde.«

Intensiv und liebevoll läßt Goethe Plessing an eigenen, mühsam errungenen biographischen Erfahrungen teilnehmen, aber umsonst, der schizoide Charakter weist alles zurück. »Ich versuchte hierauf noch einige propädeutische Wendungen als Versuchsmittel einer zu unternehmenden Kur; ich ward aber mit der Versicherung, es könne und solle ihm nichts in dieser Welt genügen, so entschieden abgewiesen, daß mein Innerstes sich zuschloß und ich mein Gewissen, durch den beschwerlichen Weg, im Bewußtsein des besten Willens, völlig befreit und mich gegen ihn von jeder weiteren Pflicht entbunden glaubte.« Goethe scheidet von ihm. Er hatte eine Menschenart kennengelernt, die nach jener Zeit, im 19. und 20. Jahrhundert, immer häufiger auftrat: ». . . seine Gesichtszüge hatten nichts Anlockendes aber auch nichts eigentlich Abstoßendes, sein düsteres Wesen erschien nicht unhöflich, er konnte vielmehr für einen wohlerzogenen jungen Mann gelten, der sich in der Stille auf Schulen und Akademien zu Kanzel und Lehrstuhl vorbereitet hatte.«

Was an Resignation und Sorge über den Verfall der menschlichen Anteilnahme und damit der ganzen Kultur Goethes Gedanken im Alter oft bedrückend erfüllte, hatte er hier zum erstenmal in seiner krankhaften Ausgestaltung wahrgenommen. Goethe mochte ahnen, was nach seiner Zeit an menschlicher Verfinsterung und Verkrampfung heraufziehen würde. –

»Heraustretend fand ich den völlig aufgehellten Himmel von Sternen blinken, Straßen und Plätze mit Schnee überdeckt, blieb auf einem schmalen Steg ruhig stehen und beschaute mir die winternächtliche Welt. Zugleich überdacht' ich das Abenteuer und fühlte mich fest entschlossen, den jungen Mann nicht wieder zu sehen ...«
Goethe hat noch eine Zeitlang mit Plessing ein briefliches Verhältnis unterhalten. Dieser schickte jenem auch seine Bücher. Goethe hat sie »freilich nicht gelesen; jene Bemühungen lagen zu weit von demjenigen ab was mich interessierte«. Es kam noch zu einer Begegnung, die »friedlich und freundlich« war, aber »meine gegenwärtige Art zu sein konnte fast noch entfernter von der seinigen als jemals angesehen werden«.
Vielleicht erwachte in jener Winterklarheit, als Goethe in seiner Ode den »Vater der Liebe« während des Schneegestürms anrief, der heilende Wille in Goethes Seele. Daß er das in künstlerisch-musikalischem Sinne meinte und auch gestaltete – erinnern wir uns dessen, was wir über die Mittlerschaft der Musik gesagt haben –, ist ein weihnachtliches Motiv. Darum die Worte in der Ode: »Ist auf deinem Psalter, Vater der Liebe, ein Ton seinem Ohre vernehmlich ...« Denn Krankheit ist ein musikalisches Problem, wie Novalis einmal sagte. Der Zusammenhang der leiblichen mit der seelisch-geistigen Organisation ist wie ein Instrument »verstimmt«. Es muß wieder gesund gestimmt werden. Heilung ist auch ein musikalisches Problem. Und der Heilerwille hat seinen Urquell in der Weihnacht, in welcher das Menschenbild in seiner

ursprünglichen Reinheit und paradiesischen Vollkommenheit zur Erde geboren wurde. Der Mensch, der die Weihnacht erlebt, wird eigentlich zum Therapeuten.

In den Aufzeichnungen des langjährigen Hausarztes Goethes, Karl Vogel, finden wir eine Notiz aus Goethes letzten Lebensjahren: »Die Heilkunst und ihre echten Jünger schätzte Goethe ungemein hoch. Er liebte es, medizinische Themata zum Gegenstand seiner Unterhaltung zu wählen. In seinen Tagebüchern findet man den Inhalt ihn besonders interessierender medizinischer Unterredungen, die ich mit ihm hatte, nicht selten angemerkt.« Es ist merkwürdig, daß die beiden größten Gestalten in Goethes Lebenswerk, Faust und Wilhelm Meister, eine so starke Beziehung zur Arztkunst haben. Faust, der am Anfang auch Medizin studiert hat – und die »Conception des Faust« war Goethe »jugendlich von vorne herein klar«, wozu also das Studium der Medizin gehört –, wird im zweiten Teil der Dichtung mit einer Fülle ärztlicher und seelenärztlicher Probleme bekannt gemacht – auch Leiden, die er durchschreiten muß, die Anlaß zu psychiatrischen Studien sein könnten. Ebenso ergeht es Wilhelm Meister. Im Verlaufe dieser wahrhaft großen Dichtung häufen sich medizinische Beobachtungen. Bilder erkrankten Seelenlebens erscheinen. Man denke nur an die Schilderung der Mignon-Gestalt. Ratschläge zur Gesundung werden gegeben. Gegen Ende des Romans finden wir Wilhelm Meister in der Werkstatt eines Anatomen, der Knochen und komplizierte Organe nachbildet und zur Anschauung für werdende Ärzte zusammenfügt, weil

die Tätigkeit des Sezierens, die eine zerstörende ist, eine ungute, dem Heilen entgegengesetzte Wirkung auf den Lernenden der Arztkunst ausübt. Ganz am Schluß der Dichtung fühlt sich Goethe veranlaßt, von Wilhelm Meister ein Bild seiner ganz praktischen Tätigkeit als »liebevoller Wundarzt« zu geben: »Wilhelm griff sogleich nach der Lanzette, die Ader des Arms zu öffnen, das Blut sprang reichlich hervor und mit der schlängelnd anspielenden Welle vermischt folgte es gekreiseltem Strome nach. Das Leben kehrte wieder; kaum hatte der liebevolle Wundarzt nur Zeit die Binde zu befestigen ...«
Dieser immer durchaus auf das Praktische und Wirkliche gehende Sinn Goethes bildete künstlerisch auch jene Gedanken aus, die er über die Behandlung und womögliche Heilung, zumindest als unterstützende Therapie, von wahnsinnigem Gedankenleben hegte. So wenig Goethe auf Friedhöfen an Bestattungen teilnahm, eine Eigenart, die man ihm oft vorgeworfen hat, die aber aus seiner sehr zarten und empfindlichen Organisation zu verstehen ist, so wenig oder gar nicht besuchte er die primitiven damaligen »geschlossenen Anstalten«. Er konnte den Anblick des Toten oder Verrückten einfach nicht ertragen. Gewiß ist das eine Schwäche – aber wer darf sie ihm vorwerfen? Feinsinnige Persönlichkeiten seiner Umgebung kannten seine Art und ihr Verhältnis zu seinem Genie: »Ich hatte Goethe nur einmal gesehen, sagte die Gräfin (Wagensperg) unter andern, so war ich schon inne geworden, daß beinahe alles, was man ihm für Unart und Eigensinn auslegt, ein inneres Bangen seiner Natur ist. Die Angst, von welcher das

Genie in Verhältnissen, die allen andern Menschen leicht und handlich sind, oft ergriffen wird, und die uns Rousseau so überaus beredt geschildert hat, leidet mein Lieblingsdichter im Leben unbeschreiblich. Man glaubt es ihm nicht, weil er in vielen Dingen so stark ist, weil er so manches, das andre Menschen wie eine ungeheure Last drückt, leicht handhabt und bewegt. Ist nur ein Mensch gegenwärtig, fast hätte ich gesagt, nur ein Körper, der mit seiner physischen Natur in gar keiner Wahlverwandtschaft steht, so ist dadurch sein Genie wie gelähmt. Da er zugleich die menschliche Freiheit stark in sich fühlt, wird er verdrießlich, angstvoll, daß er über diese Lähmung nicht Herr werden kann. Ich gestehe, daß es mich geschmerzt hat, ihn so zu sehen, wenn die andern über seinen vermeintlichen Hochmut und seine Eigensucht erbittert waren« (K. L. von Woltmann). Gerade dieses empfindlich Geniale ließ dann Goethe zur praktischen Behandlung wahnsinnigen Seelenlebens Gedanken finden wie jene im »Wilhelm Meister«, da sich der psychisch erkrankte Harfner in der Pflege eines Geistlichen befindet.

»Außer dem Physischen, sagte der Geistliche, das uns oft unüberwindliche Schwierigkeiten in den Weg legt und worüber ich einen denkenden Arzt zu Rate ziehe, finde ich die Mittel, vom Wahnsinne zu heilen, sehr einfach. Es sind eben dieselben, wodurch man gesunde Menschen hindert, wahnsinnig zu werden. Man errege ihre Selbsttätigkeit, man gewöhne sie an Ordnung, man gebe ihnen einen Begriff, daß sie ihr Sein und Schicksal mit so vielen gemein haben, daß das außerordentliche Talent, das größte Glück und

das höchste Unglück nur kleine Abweichungen von dem Gewöhnlichen sind, so wird sich kein Wahnsinn einschleichen und, wenn er da ist, nach und nach wieder verschwinden. Ich habe des alten Mannes Stunden eingeteilt, er unterrichtet einige Kinder auf der Harfe, er hilft im Garten arbeiten und ist schon viel heiterer. Er wünscht von dem Kohle zu genießen, den er pflanzt, und wünscht meinen Sohn, dem er die Harfe auf den Todesfall geschenkt hat, recht emsig zu unterrichten, damit sie der Knabe ja auch brauchen könne. Als Geistlicher suche ich ihm über seine wunderbaren Skrupel nur wenig zu sagen, aber ein tätiges Leben führt so viele Ereignisse herbei, daß er bald fühlen muß, daß jede Art von Zweifel nur durch Wirksamkeit gehoben werden kann. Ich gehe sachte zu Werke; wenn ich aber noch seinen Bart und seine Kutte wegnehmen kann, so habe ich viel gewonnen; denn es bringt uns nichts näher dem Wahnsinn, als wenn wir uns vor andern auszeichnen, und nichts erhält so sehr den gemeinen Verstand, als im allgemeinen Sinne mit vielen Menschen zu leben. Wie vieles ist leider nicht in unserer Erziehung und in unsern bürgerlichen Einrichtungen, wodurch wir uns und unsere Kinder zur Tollheit vorbereiten.
Wilhelm verweilte bei diesem vernünftigen Manne einige Tage und erfuhr die interessantesten Geschichten, nicht allein von verrückten Menschen, sondern auch von solchen, die man für klug, ja für weise zu halten pflegt und deren Eigentümlichkeiten nahe an den Wahnsinn grenzen.«

Wie aktuell erscheinen heute diese arbeitstherapeutischen Maßnahmen, die für ganze Krankheitsgebiete

Leitlinien sein könnten und ja auch weitgehend sind.

Dabei hatte Goethe die größten Gesichtspunkte. Krankheit und Unglück erschienen ihm als ein Mittel zu höherer Gesundheit und Wohlergehen. Und der Weg durch Krankheit und Irrtum, den der einzelne Mensch durchmacht, war ihm wie ein individueller Abglanz des Ganzen der Menschheit überhaupt. »Wilhelm Meister« ist ein Beispiel dafür. Dabei liebte es Goethe, sich von Großem, Vergangenem in der Stimmung anregen zu lassen: Als er seine »Annalen« schrieb, las er Plutarch. Während der Arbeit der »Wanderjahre« vertiefte er sich in die »Ilias«. Wilhelm Meister wurde nach Shakespeare so genannt, der ja den Vornamen William trug. Und schließlich leuchtet der Gang der Menschheit in den Bildungs- und Schicksalsweg »Wilhelm Meisters« hinein. In den »Tag- und Jahresheften« lesen wir:

»Die Anfänge Wilhelm Meisters hatten lange geruht. Sie entsprangen aus einem dunklen Vorgefühl der großen Wahrheit: daß der Mensch oft etwas versuchen möchte wozu ihm Anlage von der Natur versagt ist, unternehmen und ausüben möchte, wozu ihm Fertigkeit nicht werden kann; ein inneres Gefühl warnt ihn abzustehen, er kann aber mit sich nicht ins Klare kommen, und wird auf falschem Wege zu falschem Zwecke getrieben, ohne daß er weiß wie es zugeht. Hiezu kann alles gerechnet werden, was man falsche Tendenz, Dilettantismus usw. genannt hat. Geht ihm hierüber von Zeit zu Zeit ein halbes Licht auf, so entsteht ein Gefühl, das an Verzweiflung grenzt, und doch läßt er sich wieder gelegentlich von der Welle, nur halb widerstrebend, fortreißen. Gar viele vergeuden hiedurch den schönsten Teil ihres Lebens, und verfallen zuletzt in wundersamen Trübsinn. Und doch ist es möglich, daß alle die falschen Schritte zu einem unschätzbar Guten hinführen: eine Ahnung die sich in Wilhelm Meister immer mehr entfaltet, aufklärt und bestätigt, ja sich zuletzt mit klaren Worten ausspricht: ›Du kommst mir vor wie Saul, der Sohn Kis, der ausging seines Vaters Eselinnen zu suchen, und ein Königreich fand.‹«

Indessen bildet Goethe nicht nur große oder bis ins Praktische gehende Gedanken aus, sondern wie oft finden wir ihn pflegend am Krankenbett, Nächte hindurch wachend bei seinen Freunden. Von welchem der großen Dichter ist ähnliches wie dieses gesagt worden, und es ist keinesfalls das einzige Zeugnis: »Was nun während den vierzig Tagen, die ich unter fast unaufhörlichen Schmerzen unbeweglich auf einem Fleck habe liegen müssen, der edle, menschenfreundliche Goethe für mich getan hat, kann ich ihm nie verdanken, wenigstens aber werde ich es nie vergessen; er ist mir in dieser fürchterlichen Lage, wo sich also alles zusammen fand, um die unsäglichen Schmerzen, die ich litt, noch zu vermehren und meinen Zustand zugleich gefahrvoll und trostlos zu machen, alles gewesen, was ein Mensch einem Menschen nur sein kann. Täglich hat er mich mehr als einmal besucht und mehrere Nächte bei mir gewacht. Um alle Kleinigkeiten, die zu meiner Hilfe und Erleichterung dienen konnten, ist er unaufhörlich besorgt gewesen und hat alles hervorgesucht, was nur irgend dazu abzwecken konnte, mich bei gutem Mute zu erhalten. Und wie oft, wenn ich unter meinem Schmerz erliegen und verzagen wollte, habe ich in seiner Gegenwart wieder neuen Mut gefaßt, und weil ich gern standhaft vor ihm erscheinen wollte, bin ich oft dadurch wirklich standhaft geworden« (K. Ph. Moritz, Dezember 1786/Januar 1787). Das war während Goethes italienischer Reise. In den Tagen der Entstehung der antiken Fassung seiner »Iphigenie« war Goethe aufopfernder Krankenpfleger!

Immer wieder durch »fromme Wiederholung« wird zur Weihnacht der »Heiland« der krank gewordenen Menschennatur geboren. Immer bei jeder Menschengeburt wird das Weihnachtsbild wiederhergestellt. Und immer wieder wird der Mensch krank und ist der Heilung bedürftig. Ein Mysterium verbirgt sich darin. Dieses bedachte und fühlte Goethe, als er am Schluß seines »Wilhelm Meister« den Sohn Wilhelms verunglücken und durch des Vaters ärztliche Tätigkeit wiederherstellen läßt: »Wirst du doch immer aufs neue hervorgebracht, herrlich Ebenbild Gottes! rief er aus, und wirst sogleich wieder beschädigt, verletzt von innen oder von außen. – Der Mantel fiel über ihn her, eine gemäßigte Sonnenglut durchwärmte die Glieder sanft und innigst, seine Wangen röteten sich gesund, er schien schon völlig wieder hergestellt.«

Goethe erlebte selbst Erkrankung und Heilung viele Male während seines langen Lebens. Seine Krankheiten führten ihn fast immer in die Nähe des Todes. Im Frühjahr 1823 war sein Gesundheitszustand sehr ernst. F. von Müller notierte: »Sonntag, den

23. Februar, war am schlechtesten. Früh schon sagte er zu seinem Sohne: Der Tod steht in allen Ecken um mich herum; zu Huschken mehrmals: Ich bin verloren! Einmal soll er auch geäußert haben: O du christlicher Gott! Wie viele Leiden häufst du auf deine armen Menschen, und doch sollen wir dich in deinen Tempeln dafür loben und preisen!« Am Tage darauf sagte er zu seiner Schwiegertochter Ottilie: »Ich fühle, daß der Moment gekommen ist, wo in mir der Kampf zwischen Leben und Tod beginnt.« Aber schon am Abend hatte der Kranke »sein volles geistiges Bewußtsein«. Die Krisis war überwunden. Er scherzte: »›Ihr seid zu furchtsam mit euren Mitteln, ... Ihr schont mich zu sehr! Wenn man einen Kranken vor sich hat, wie ich es bin, so muß man ein wenig napoleonisch mit ihm zu Werke gehen!‹ Er trank darauf eine Tasse eines Dekokts von Arnika, welche gestern im gefährlichsten Moment von Huschke angewendet, die glückliche Krisis bewirkt hatte. Goethe machte eine graziöse Beschreibung dieser Pflanze und erhob ihre energischen Wirkungen in den Himmel« (Eckermann, 24. Februar 1823).

Goethes Naturanschauung betätigte sich mitten in seinem ernsten Kranksein. Er hatte den Heiler erfahren – der im »geistigen Bewußtsein« und in den Kräften der Natur lebt – und im Denken der Natur zu seiner Gesundung beigetragen.

Weihnacht – ein Mysterium der Erde

In nachgelassenen Schriften Goethes (»Über die Natur und Naturwissenschaft«) fand sich folgende Maxime, Gesundheit der Seele zu erlangen: »Die Sinne trügen nicht, das Urteil trügt.« Dieses Wort spricht eine lebenslange Erfahrung Goethes aus, welche nicht trefflicher formuliert werden könnte. Aus der Wahrnehmung nehmen wir Wahrheit, und das Urteil dient diesem Wahrnehmen. Die treue immerwährende Übung der auf diese Weise gesunden Seelenhaltung läßt auch Geistiges im Naturwerden finden, von dem Goethes mannigfaltige Erfahrung Zeugnis gibt, wenn er schreibt (ebenfalls im Nachlaß): »›Die Natur verbirgt Gott!‹ Aber nicht jedem!« Nicht der herkömmliche Gottesglaube allein kann und wird die menschliche Seele künftig zufriedenstellen, sondern die geduldige und angeleitete Suche nach dem Geist: »›Ich glaube einen Gott!‹ dies ist ein schönes löbliches Wort; aber Gott anerkennen, wo und wie er sich offenbare, das ist eigentlich die Seligkeit auf Erden. Wer die Natur als göttliches Organ leugnen will, der leugne nur gleich alle Offenbarung« (aus dem Nachlaß). Doch zur Geduld muß sich eine echte, schöpferische Unruhe gesellen, von der Paracelsus sagte, daß sie »nützlicher sei denn Ruhe«, sonst kann der Weg der Gottessuche nicht gefunden werden; denn »wenn ein paar Menschen recht miteinander zufrieden sind, kann man meistens versichert sein, daß sie sich irren« (ebenfalls aus Goethes Nachlaß). – Verfolgen wir an einem Beispiel den Weg, Göttlich-Geistiges im Naturwirken zu finden.

In den »Heften zur Naturwissenschaft« aus »Maximen und Reflexionen« finden wir abermals eine formulierte Erfahrung, hinter welcher ein lebenslang treulicher Umgang mit den Naturvorgängen fühlbar wird: »Alles Lebendige bildet eine Atmosphäre um sich her.« Wir wollen die Einsicht erweitern und sagen: Auch alles Tote bildet eine »Atmosphäre« um sich her, doch ist sie andersartig als die alles Lebendigen – und wollen für diese Aussage Erscheinungen in der Natur aufsuchen.
Es ist eine Urerfahrung, daß das Lebendige sterben, ins Tote übergehen muß. Was heißt aber: ins Tote übergehen? Das Lebendige tritt auseinander: Es sinkt auf der einen Seite Ersterbendes, Totes nieder, und auf der anderen Seite steigt Unsichtbares, Weisheitsvolles auf; und das Unsichtbare muß so hoch »über« wie das Tote »unter« dem Lebendigen gedacht werden. Man verzeihe diesen zunächst abstrakt erscheinenden Gedanken. Wir wollen aber dafür in diesem Kapitel Phänomene anführen.
In Goethes Schriften zur Geologie und Mineralogie sind einige Notizen aufgezeichnet über »Das Gerinnen«. Einer entnehmen wir folgende Sätze: »Wir sehen einen Liquor, der uns völlig homogen zu sein scheint: die Milch. Ein geringer Umstand macht sie entschieden gerinnen und offenbart in ihr zwar verwandte, aber verschiedene, sich voneinander ablösende, aber doch innerhalb einander vorhandene Teile.« Also: ein Lebendiges – in diesem Falle ein Flüssiges, es könnte das Lebendige auch eine Pflanze sein, aber auch in der Pflanze ist das Lebentragende ein Flüssiges; denn das trockene Unflüssige lebt nicht –,

ein lebendes Mittleres teilt sich in Teile, die ihm verwandt sind. Denken wir nun: ein Lebendiges würde Mineralisches, Totes aus sich gerinnen lassen, so müßte auf der einen Seite »Geronnenes«, Gestein, ausfallen und auf der anderen Seite ein anderer Teil, der aber zunächst unoffenbar, unsichtbar bleibt. Der »geronnene« Teil, das sind die Gesteine, ist das Feste der Erde, von der Goethe die begründete Überzeugung hegte, daß es in Urzeiten aus einem Lebendigen, Flüssigen hervorgegangen ist. Von diesem Festen der Erde gibt es von Goethes Hand ein Fragment aus dem Jahre 1784: »Über den Granit«. Das Urgestein ist der eine sichtbare Teil, geronnen aus dem Lebendigen; wo aber ist der andere, unsichtbare?
Im Verlaufe der Beschreibung des Granits kommt Goethe zu ganz eigentümlichen Erlebnissen: »Mit diesen Gesinnungen nähere ich mich euch, ihr ältesten würdigsten Denkmäler der Zeit. Auf einem hohen nackten Gipfel sitzend und eine weite Gegend überschauend kann ich mir sagen: Hier ruhst du unmittelbar auf einem Grunde, der bis zu den tiefsten Orten der Erde hinreicht, keine neuere Schicht, keine aufgehäuften zusammengeschwemmten Trümmer haben sich zwischen dich und den festen Boden der Urwelt gelegt, du gehst nicht wie in jenen fruchtbaren schönen Tälern über ein anhaltendes Grab, diese Gipfel haben nichts Lebendiges erzeugt und nichts Lebendiges verschlungen, sie sind vor allem Leben und über alles Leben. In diesem Augenblicke, da die innern anziehenden und bewegenden Kräfte der Erde gleichsam unmittelbar auf mich wirken, da die Einflüsse des Himmels mich näher umschweben, wer-

de ich zu höheren Betrachtungen der Natur hinaufgestimmt, und wie der Menschengeist alles belebt, so wird auch ein Gleichnis in mir rege, dessen Erhabenheit ich nicht widerstehen kann. So einsam, sage ich zu mir selber, indem ich diesen ganz nackten Gipfel hinabsehe und kaum in der Ferne am Fuße ein geringwachsendes Moos erblicke, so einsam sage ich, wird es dem Menschen zumute, der nur den ältesten, ersten, tiefsten Gefühlen der Wahrheit seine Seele öffnen will.«
Merkwürdig: bei einer mineralogischen Betrachtung häufen sich Schilderungen menschlichen Geisteslebens, wird Gedankliches in einem Maße rege, wie es sonst nicht üblich ist: »Gesinnungen«, »überschauend«, »Einflüsse des Himmels mich näher umschweben«, »zu höheren Betrachtungen der Natur hinaufgestimmt«, »Menschengeist belebt alles«, »Gleichnis wird rege«, »älteste, erste, tiefste Gefühle der Wahrheit« eröffnen sich der Seele, und so geht es weiter: »näher dem Himmel«, Gedanken »feuriger Geister« ... Warum spricht Goethe davon – er stand in der Mitte des Lebens, war fünfunddreißigjährig – gehört das zur Mineralogie, zur toten Gesteinskunde?
Offensichtlich muß es so sein! – Das Lebendige läßt Totes aus sich heraus gerinnen und auf der Grundlage dieses Toten unsichtbar Geistiges hinaufsteigen. Werden wir Menschen am weisheitsumgebenden, gedankenerregenden toten Mineralischen bewußt? Sind wir darum nur auf der toten Erde zunächst gedankentragende Wesen? – Ja, es muß so sein! Darum wohl auch die geheime Anziehungskraft des Hochgebirges auf die Menschen. Denn im toten Berggestein »denkt« die lebendige Erde.

Das ist im Grund ein ungeheurer Gedanke! Aber er ist denkbar: Das Lebendige tritt auseinander in Totes, Mineralisches und in Geistig-Weisheitsvolles. Letzteres ist nur zunächst unoffenbar. Aber im Menschengeiste wird die Weisheit der Welt in Gedankenformen offenbar und erlebbar, ein Dienst, den der Menschengedanke an der Erde leistet.
Das Auseinandertreten des Lebendigen selbst – nicht das Auseinandergetretene – in totes Sichtbares und weisheitsvoll Unsichtbares ist eine Urerscheinung des Weltwerdens. »Das unmittelbare Gewahrwerden der Urphänomene versetzt uns in eine Art von Angst: wir fühlen unsere Unzulänglichkeit; nur durch das ewige Spiel der Empirie belebt, erfreuen sie uns« (Goethe, »Maximen und Reflexionen«). Eines ihrer »ewigen Spiele«, das uns über unsere Unzulänglichkeit hinweghilft und zur Andacht der Anschauung führt, wollen wir uns nun vergegenwärtigen.
Erinnern wir eine Winternacht. Der Aufblick zum Sternenhimmel erweckt eine Seelenstimmung, die jener der Erkenntnis ähnlich ist: Göttliches waltet in der Welt. Die kühle Ruhe des Erdgesteins ist durch Schneefall und Frost noch kühler und ruhiger als während der anderen Jahreszeiten geworden. Das Lebendige ist erstorben, die ganze Erde mineralisch geworden. Die fühlbare Gewalt der damit verbundenen Geistigkeit kann sich wie ein Albdruck auf das Gemüt legen. Depressionen sind um diese Jahreszeit häufig. Auch Goethe litt zeitlebens jährlich darunter: »Abends, in einem durch die Entfernung der Sonne in der frühen Nacht wie vor alters deprimierten Zustand ...« (Tagebucheintragung vom 14. Dezember

1831). Aber eine solche Depression vermag Gedankencharakter anzunehmen. Die Konzentration des Denkens fühlt ihre Verwandtschaft mit der Dichte des Mineralischen und der Kühle des Winters, die als Einatmung vom »Denkpol« der Erde her bestimmt ist, und das Winterdunkel, das »durch die Entfernung der Sonne« das menschliche Denken aufruft, eine innere Sonne hervorzubringen. Dieser entquillt Helligkeit von einer ganz anderen Seite als die der äußeren Sonne; denn »Gott wohnt in einem Licht, da niemand zukommen kann ...« (1. Tim. 6,16); denn die Gesteinsdichte der Erde steht davor, ja, im Grunde alle unsere Vor-stellungen der Sinneswelt, die wie ein lichtverstellendes Gebirge sich ausnehmen. Aber es gibt ein sinnliches Abbild dieses Urlichtes: die hellen, geordneten Kristalle. Und lieben wir sie nicht besonders zur Weihnacht, wenn der Frost das Wasser vereist und die Schneekristalle fallen, in ihrer Wohlgeordnetheit und Mannigfaltigkeit als ein Bild unseres Gedankenlebens? »Tief in Gedanken stand der neue Monarch. Er gedachte ...« (Novalis). Es könnte der königlich gedankenvolle Mensch inmitten einer schneedurchrieselten Winternacht in ihrer Kristallhelle sein. Dabei soll nicht unerwähnt bleiben, daß »Monarch« auch ein terminus technicus der mittelalterlichen Alchimie war, welcher »der Salzgeist« bedeutet: das unmittelbar Geistige, das auf der Grundlage des toten Mineralischen, des »Salzes« eine »Atmosphäre« bildet, welche auch der Sinn des alchimistischen Wortes ist: »In sale sapientia est«, »im Salz ist Weisheit«.

Das Gesetzmäßige des Mineralischen weist auf das

Gesetzmäßige der Logik; denn diese ist sich erst selbst an jenem gewahr geworden. Wenige Tage vor seinem Tode wollte Goethe die Verwandtschaft des Denkens mit dem Mineralischen noch vor Augen haben: »Seinem Verlangen gemäß hatte ich an diesem Abend einen kleinen Kegel von Holz mitgebracht, der sich zerlegen läßt, so daß die durch die fünf Schnitte entstehenden Figuren: das Dreieck, der Zirkel, die Ellipse, die Parabel und Hyperbel, anschaulich werden. Ich mußte ihm erklären, wie diese Kurven mittels Projektionen in Grund- und Aufrissen dargestellt werden, wobei er bemerkte, daß er sich in früherer Zeit zwar nicht viel mit Mathematik, jedoch mit der Reißkunst gerne beschäftigt habe« (C. W. Coudray, vom 11. März 1832).

Aber der logischen, mathematischen Folgerichtigkeit wohnt eine Sehnsucht inne nach dem Einfall von »oben«: der Intuition. Um dieser Öffnung nach oben willen bemüht sich im Grunde die gedankliche Logik. Sie will die winterliche Einatmung des Kosmos seelisch nachvollziehen. Der »Ort«, an dem die Logik »wohnt«, wird umhüllt von der Schädelbildung des Hauptes als einer Grotte oder Krypta. In ihr erwartet das menschliche Denken demütig-tätig die Geburt der Intuition von oben »aus den Höhen«.

In der im vorigen Kapitel erwähnten Harzreise im Winter erzählt Goethe von einem Besuch in einer winterlichen Grotte. Zwar ist dem jugendlichen Besucher der hier gemeinte Zusammenhang des Denkens mit dem Mineralischen nicht deutlich vor Augen, aber die klärende Kraft des Mineralischen führt doch die miterlebende Seele auf sich »desto reiner zurück«. »Nach einer wohldurchschlafenen Nacht eilte ich frühe, von einem Boten abermals begleitet, der Baumannshöhle zu, ich durchkroch sie, und betrachtete mir das fortwirkende Naturereignis ganz genau. Schwarze Marmormassen aufgelöst, zu weißen kristallinischen Säulen und Flächen wieder hergestellt, deuteten mir auf das fortwebende Leben der Natur. Freilich verschwanden vor dem ruhigen Blick alle die Wunderbilder, die sich eine düster wirkende Einbildungskraft so gern aus formlosen Gestalten erschaffen mag; dafür blieb aber auch das eigene wahre desto reiner zurück, und ich fühlte mich dadurch gar schön bereichert.«

Die Erde »denkt« auf der Grundlage des Gesteins und der winterlichen Kristallgebilde von Eis und Schnee. Die Frage ist nun, ob der denkende Mensch auch wie die Erde mineralisiert?

Im menschlichen Haupte befindet sich ungefähr in der Mitte des Gehirns ein drüsenartiges, etwa zehn Millimeter langes Organ, das in seiner Gestalt an den Zapfen der Pinie oder der Zirbelkiefer erinnert: die Zirbeldrüse. Sie enthält den Gehirnsand, Konkremente aus Magnesium- und Kalziumsalzen u. a. Die Funktion der Epiphyse mit ihren toten mineralischen Einlagerungen war lange Zeit rätselhaft. Die winzigen Salzlagerungen sind aber nicht starre und stationäre wie die großen der Erde, sondern sie werden immer wieder in fließendem Gleichgewicht abgebaut und neu gebildet. Erinnern wir uns dessen, was Goethe über das »Gerinnen« schrieb. Die mineralische Bildung gerinnt aus einem Lebendigen, dabei entsteht eine »Atmosphäre« von Weisheit. Nun gibt es im ganzen menschlichen Organismus außer den Statolithen des Ohres keinen Ort, wo in berechtigtem Sinne eine solche entvitalisierte Mineralbildung vorkommen darf als in der Mitte des Gehirns; an jeder anderen Stelle der menschlichen Organisation wäre sie pathologisch, krankhaft. Aber gerade in der Mitte des Gehirns hat das Denken seinen es bedingenden Ort: Auf der Grundlage der Steinbildung der Zirbel denken wir. Wintererscheinungen finden da statt. Unser logisches Denken im Anschluß an die Sinneserfahrungen läßt Mineralisches in der Zirbel gerinnen. Aber die Sehnsucht der Logik nach dem Einfall von oben aus dem Kosmischen, die Betätigung der Intuition, verlebendigt Mineralisches, entmineralisiert die starre, tote Bildung. In dieser doppelten Funktion bedingt die Epiphyse das menschliche denkende Bewußtsein.

Stellen wir nun diesen Zusammenhang mit der Erinnerung einer Winternacht vor das Gemüt: Das menschliche Haupt und die Schnee- und Eisbildung der Welt verhalten sich umgekehrt. Beim Menschen ist die Mineralbildung im Haupte tief verborgen; das dazugehörige Gedankenbilden wird als seelische Atmosphäre offenbar. Im »Winterwesen« ist die Mineralbildung offenbar, aber das dazugehörige Gedankenbilden als Weisheit ist tief verborgen. Schneit es, so wird ein Vorgang in der Welt offenbar, als sei das Innere des menschlichen Hauptes nach außen umgestülpt; denkt der Mensch, als sei das »Winterwesen« in das Haupt involviert.

Man kann heute nicht zu einer religiösen Welterfahrung gelangen, wenn nicht solche Gedanken gedacht werden und so stark mit dem menschlichen Gemüt sich verbinden, daß die Empfindung, wenn man sich in einer Landschaft, in der es schneit, befindet, gegenwärtig ist: Nun denkt die Erde, und wie in das Menschendenken die Gedankeninhalte von der Welt her einströmen, so rieseln aus den Höhen die Welteninhalte leibhaftig in die Denksehnsucht der Erde hernieder, Weltweisheit deckt das Erdenantlitz, und ich fühle mich als empfindender und denkender Mensch inmitten dieser Denksehnsucht und Weltweisheit.

Im Schneefall wird die irdische Bedingung der Weltgedanken offenbar. Die geometrische Grundfigur des einzelnen Schneekristalls ist das Sechseck. Nicht zwei von ihnen sind einander gleich. Tausende von verschiedenen Formen sind nachgewiesen, viele in ihrer zartanmutigen Struktur photographiert und veröffentlicht. Das alte pythagoräische Wort: »Gott geometrisiert«, wird im Schneefall millionenfältig bestätigt. Wie reich muß erst die Weltweisheit sein, die auf diesen immer verschiedenen Gebilden sich bedingend abstützt! Wie aus dem zwölffachen Sternentierkreis herunter »denken« die Bildekräfte in mathematisch-geometrischer Weltordnung. Gäbe es nur eine einzige Form der Schneekristallbildung, so müßte man von einer monotonen »fixen Idee« des Weltendenkens sprechen. Eine einzelne Idee wird leicht unsozial, die Umgebung tyrannisierend und verletzend. Erst die Fülle der Gedankengeistigkeit – von der auch das schöne Wort C. F. Meyers gilt: »Genug ist nie genug!« – verbindet mit der Helle die Wärme der Liebe. Der Schnee wärmt die Erde wie die Fülle des Geistes die Welt. So kantig und spitz der einzelne Schneekristall ist, so wohltuend weich mutet die Sanftheit einer Schneedecke an, die sich doch aus vielen Schneekristallen zusammensetzt, die alle scharfen Formen rundet: Zur Liebe wird die Überfülle des Geisteslebens.

Über die moralische Wirkung eben gefallenen Schnees auf das Gemüt Goethes und seiner Freunde gibt es eine schöne Überlieferung in der Familie K. L. von Knebels: »Während eine lebhafte Unterhaltung die Geister völlig in Anspruch genommen hatte, war draußen der erste Schnee gefallen. Plötzlich bemerkte Goethe das überraschend veränderte Bild, und von dessen Schönheit mächtig ergriffen, schlug er vor, jeder solle ein Gedicht darauf machen. Knebel trat an das Fenster, blickte eine Zeitlang sinnend hinaus über den Garten, das Tal, zu den Bergen – überall dieselbe blendend weiße, weiche Fülle von frisch gefallenem Schnee. Er nahm ein Blatt Papier zur Hand und schrieb das Distichon:

> Tritten des Wandrers über den Schnee sei ähnlich
> mein Leben,
> Es bezeichne die Spur, aber beflecke sie nicht –

nieder, und Goethe, der andere so gern anerkannte, war so entzückt davon, daß er ausrief: Knebel, für dieses Distichon gäb' ich einen Band meiner Werke hin!«

Die seelische Ergriffenheit über die Schönheit eben gefallenen Schnees ist eine moralische Wirkung, die ihre Ursache in dem Gleichnischarakter des Schnees hat, die den Menschen auf seine Möglichkeit der

Überfülle des reinen Gedankenbildens hinweist. Doch denkt der Mensch seine Gedanken seelisch; die Erde aber »denkt« in den Bereichen, die an das Seelische angrenzen: nach oben ins Geistige und nach unten ins Physische. Stirbt der Mensch, so steigt sein Bewußtsein auf in die Geistigkeit, und der Leib fällt in das Physische. Steigt oder fällt der Mensch, so begibt er sich doch niemals aus der geistig-physischen göttlichen Welt heraus und fällt, wenn er fällt – wie es die religiöse Überzeugung immer war –, in »Gottes gebreitete Hand«.
Der Weltgedanke ist geistig-physisch. Seine Geistigkeit erscheint im Irdischen in leiblicher Gestalt. Denkt die Erde im Winter, so ersehnt sie den Einfall, die Intuition aus dem Außerirdischen in leiblicher Gestalt. Das war der Grund dafür, daß in vergangenen Jahrtausenden, zuletzt noch im Norden Europas, die Menschenkinder im Winter zur Weihnacht geboren wurden. Der Mensch ist ein Gottgedanke, und er erscheint leiblich als Intuition der Erde. Im Norden Europas gab es vor der Zeitwende bei den Völkern, die Tacitus* die Ingävonen nannte, Orakelstätten – die Nertus- oder Herthamysterien –, in denen dieses Erdengeheimnis behütet wurde. Später wurden und werden heute die Menschenkinder zu allen Zeiten des Jahres geboren. Warum ist das so? – Es geschah von den Zeiten an, in denen die Menschen mit ihren Häuptern selber denken lernten, das »Winterwesen«

* Siehe Tacitus, »Germania«, 40. Kapitel, und Rudolf Steiner, Vortrag vom 10. September 1908 in Leipzig (»Ägyptische Mythen und Mysterien«) u. a. O.

der Erde individuell und frei von der Erde und dem Kosmos nachbildeten, selber Intuitionen hatten, wenn auch nur in seelischer, nicht in geistig-physischer Art. Da war der Gottgedanke Mensch nicht mehr an die geistig-physische Intuitionsfähigkeit der Erde im Winter gebunden.

Aber noch einmal erhob sich die Erde zur Winterzeit aus ihrer tiefsten Demut zur höchsten geistig-physischen Intuition, deren sie überhaupt fähig war. Noch einmal wurde ein Kind wie in uralter Zeit in paradiesischer Reinheit geboren. Es war ganz unschuldig und hatte keine Erdenfähigkeit, vor allem die des Denkens nicht, in der sich das Winterwesen der Erde abbildet. Dafür war es aber mit der ursprünglichen, überirdischen Gottesliebe begabt, die vor dem Erdendenken war, und dem göttlichen Urlicht, da sonst »niemand zukommen kann« (1. Tim. 6,16). Die Kindheitsgeschichten Jesu zeugen davon.

Die Geburt Jesu Christi geschah in Palästina in einer Grotte. Dann wurde die Christgeburt im Jahreszeitenwesen der gemäßigten Zone der Erde »rhythmisch festgebannt«, wenn die Erde kristallin wird. Auf Erden schneit es dann. Die Menschenseelen werden hell und liebevoll – wie das Eis und der Schnee. Die Christgeburt in der denkenden und empfindenden Seele bereitet sich vor. Empfunden wurde das als weihnachtliche poetisch-religiöse Stimmung immer. Sie kann aber auch mit jener Sicherhcit, die dem Denken eigen ist, vor dem Gemüt stehen; wir haben das in diesem Kapitel versucht.

Hellen und liebevollen Blickes lernt das Auge dann in die Winterwelt schauen, dabei ein »munterfreundliches Wort« findend. Das Tagebuch Goethes vermerkt vom 28. Januar 1830 abends: »Poetische Blikke.« Der 29. beginnt: »Nebenstehendes ausgefertigt: Herrn Professor Zelter, Berlin.« Der Brief selbst, am gleichen Tag geschrieben, zeigt Goethes aufmerksame, heitere und liebevolle Gesinnung: »Da mir nun bekannt geworden, daß ganz Europa eben so wie mein Klostergarten, durch den Schnee nivelliert sich behelfen muß so hab ich mich um desto eher zu bescheiden, da ich nicht aufgefordert werde den Fuß vor die Thüre zu setzen. Daher will ich nun, bey klarer nächtlicher Weile, wo Frau Venus, noch immer heiter und niedlich, am westlichen Himmel über den Hörnern des jungen Mondes glänzt, sodann auch Orion und sein Hund, blinkenden Halsbandes, von Osten her, über meinen dunklen Fichten-Horizont, prächtig heraufsteigt; hierdurch aufgeregt dir ein munterfreundliches Wort in deine wohlerleuchtete und bewegte Stadt hinsenden . . .«

Heilendes Christentum

Wenden wir uns noch einmal, die Motive der letzten Kapitel wiederholend, zu den Umständen, welche die Geburt Jesu Christi begleiteten. Weltenmusikalische Harmonien ertönten in den Höhen während der ersten Weihnacht. Versuchen wir, sie aus der Menschen- und Erdenkunde heraus zu verstehen.
Eine hohe, dem Menschen von Natur einwohnende Fähigkeit ist, logische Gedankenfolgen auszubilden. Sie unterscheidet neben anderem das Menschliche

vom Tierischen. Sie ist auch, wie wir früher beschrieben haben, eine Art geistiges »Winterwesen«. Ein so umfassendes philosophisches Werk wie die »Wissenschaft der Logik« von Georg Wilhelm Hegel könnte man als eine ausgedehnte geistige Winterlandschaft betrachten: Es friert und schneit aus den Weltenweiten in das menschliche Gemüt hinein. Wir sagten aber auch, daß in diesem Denkpol, dem »inneren Nordpol« des Menschen, das rhythmische System, das den »unteren« und »oberen« Menschen ausgleicht, erstirbt. Gedankenhelle und -stille herrscht oben in der Ruhe des Hauptes. Ihr ist der Stoffwechsel entgegengesetzt, dem auf der Erde die äquatoriale Zone mit ihren stoffwechselreichen Regenwäldern und dunklen Dschungeln entspricht.

Wenn nun das Fühlen des Menschen, das im rhythmischen System von Atem und Puls seinen Ort hat, sich hinaufbegibt in die geistige Denkruhe des Hauptes, ohne seinen eigenen Charakter als Fühlen zu verlieren, dann entsteht das Musikalisch-Melodische. Rudolf Steiner hat über das Entstehen des musikalisch-melodischen Erlebnisses menschenkundlich ausführlich in einem Vortrag gesprochen (am 8. März 1923 in Stuttgart).* Wir folgen hier seinen Ausführungen, weil sie Licht verbreiten über unseren Gedankengang: »Dasjenige, was heute für die Musik im Mittelpunkt steht ... das ist die Harmonie. Das Harmonische ergreift ... unmittelbar das mensch-

* Rudolf Steiner, »Das Wesen des Musikalischen und das Tonerlebnis im Menschen«, Rudolf Steiner Verlag, Dornach, Schweiz.

liche Fühlen ... Nun ist das Fühlen eigentlich dasjenige, was im Mittelpunkt des menschlichen Gesamterlebnisses steht. Nach der einen Seite läuft das Fühlen aus in das Wollen, und nach der anderen Seite läuft das Fühlen aus in das Vorstellen ... Das Musikalische hat das Eigentümliche: weder darf es ordentlich in das Vorstellen hinauf – denn ein Musikalisches, das vom Vorstellen, vom Gehirn erfaßt würde, würde gleich aufhören, ein Musikalisches zu sein –, noch darf aber das Musikalische ganz und gar ins Wollen hinuntersinken ... Die Musik geht nicht bis zum Vorstellen und Wollen; jedoch die Tendenz liegt vor, daß das Harmonische ... ausstrahlt nach dem Vorstellen. Es darf nicht ins Vorstellen herein, aber es strahlt aus nach dem Vorstellen. Und dieses Ausstrahlen bis in den Bezirk unseres Geistes hinein, wo wir sonst vorstellen, das tut von der Harmonie aus die Melodie. Das Melodische leitet das Musikalische aus dem Fühlensgebiet hinauf in das Vorstellen ... Der Kopf des Menschen ist sonst nur dem Begriffe zugänglich. Durch die Melodie wird der Kopf dem Fühlen zugänglich, dem wirklichen Fühlen. Sie schieben gewissermaßen durch die Melodie das Herz in den Kopf. Sie werden in der Melodie frei, wie sonst im Vorstellen. Das Gefühl wird abgeklärt, gereinigt. Es fällt alles Äußere von ihm fort, aber zu gleicher Zeit bleibt es durch und durch Fühlen. Ebenso nun aber, wie die Harmonie nach dem Vorstellen hinauftendieren kann, kann sie nach dem Wollen hinuntertendieren. Aber sie darf da nicht hinunterkommen, sie muß ebenso sich verfangen ... im Gebiete des Wollens. Das geschieht durch den Rhythmus. So daß also die Melodie die Harmonie nach oben trägt, der Rhythmus trägt die Harmonie nach dem Wollen hin.« Das Musikalisch-Melodische ist ein Fühlen, im Haupte erlebt. Darum ist es auch auf strenge, mathematische Gesetze, die denkbar sind, aufgebaut, aber bei aller Gesetzhaftigkeit klingt es und spricht es zum Fühlen. Nur so ist z. B. Johann Sebastian Bachs »esoterische Musik« zu verstehen, die sich strengster Ordnung fügt und sich gerade darum so wohltuend schön dem Fühlen offenbart: Das »Musikalische Opfer« und »Die Kunst der Fuge«, Fugen überhaupt, »an denen Goethe großes Gefallen fand und sie mit illuminierten mathematischen Aufgaben verglich, deren Themata so einfach wären und doch so großartige poetische Resultate hervorbrächten« (E. Genast, 6. Juni 1814). Das war es, was sich Goethe beim Hören Bachscher Fugen aussprach, »als wenn die ewige Harmonie sich mit sich unterhielte, wie sich's etwa in Gottes Busen kurz vor der Weltenschöpfung möchte zugetragen haben«.

Goethes musikalische Andacht fühlte die unmittelbare Schöpfermacht, aus der die Erde hervorging, im Musikalischen. Darum ist die Musik wohl auch die »Sprache der Erde«, die jeder auf Erden lebende Mensch, gleich welcher Volks- und Sprachzugehörigkeit, unmittelbar versteht. Darin liegt ein Mittel zum »Frieden auf Erden«, das in der ersten Weltweihnacht in Fülle »in den Höhen« durch die Offenbarung göttlicher Musikalität der Hierarchien erschien. Das Musikalische, die gefühlte – nicht die gedachte – Ordnung der Welt, hat in der gemäßigten Zone der Erde, die dem menschlichen rhythmischen System

entspricht, seinen ihm gemäßen Lebensbereich. Nicht, daß das Musikalische nicht überall auf der Erde schöpferisch auftreten könnte und erlebbar wäre – denn alle Völker der Erde bringen Musikalisches hervor und erleben es –, aber in der gemäßigten Zone findet es seine natürliche Jahreszeitenentsprechung. Erhebt sich das Fühlen, ohne sich als Fühlen zu verlieren, zum Denken, wird es musikalisch-melodisch. Darum haben auch die Barden und Sänger der Vorzeit aus der gemäßigten Zone der Erde sich immer wieder nach Norden gewandt, um das Musikalisch-Melodische »herunterzubringen«. Der Beispiele in der Mythologie sind viele. So zog alljährlich der »hyperboräische Apollon« zur Winterzeit in den Norden der Erde, nach Hyperboräa, um die gefühlte Weltordnung der Schöpfung dann während der übrigen Jahreszeiten den Völkern in Hellas musikalisch zu offenbaren. Im Winter, wenn es friert und schneit, wenn das leise Schneerieseln in der Denksehnsucht der Erde gefühlt wird, ist das Musikalisch-Melodische »aus den Höhen« der menschlichen Erlebnisfähigkeit von der Naturseite her am nächsten. Wieder ersteht das Bild der Weihnacht als ein Mysterium der Erde: der Mensch im Winter mitten in der Denkfähigkeit der Erde, umgeben vom Schneefall, den kosmischen, musikalischen, rieselnden Partituren.
Dabei scheinen die schöne Helligkeit des Schnees und der Gesteinskristall Abbild eines Lichtes zu sein, das sonst nicht im Erdenbereich erscheint, ein Licht, »da niemand zukommen kann«. Aber die Gesteine unterliegen der Schwere, und da, wo sie nicht kristallin sind, sind sie dunkel und können allenfalls ihre Ver-

wandtschaft zum Licht noch durch die Farben erweisen; denn diese sind »Taten des Lichtes, Taten und Leiden« (Goethe, »Farbenlehre«). In den Aufzeichnungen Riemers finden wir vom 7. November 1806 folgende Äußerung Goethes: »Die Naturphilosophie konstruiert zuerst aus dem Lichte die Solidität und die Schwere. Den, die Schwere konstituierenden Kern des Erdkörpers bilden die Metalle. Demnach müßte man sagen: die Metalle seien das solidierte Licht und Darsteller der Schwere; daher auch ihr übriger Bezug zum Licht teils durch ihren Glanz, teils durch die Farbe, die sie in ihrem regulinischen, kristallinischen und kalkhaften Zustande bereits haben und noch annehmen.« – Die ganze Erde ist einmal aus dem Licht geboren, aber sie ist dunkel und schwer geworden und steht nun als Gegenlicht dem Urlicht entgegen.

Für dieses Gegenlicht, das das Urlicht verdunkelt, wurde, wie die hebräische Überlieferung erzählt, durch den Sündenfall das Menschenauge geöffnet. Darum sieht es das himmlische Licht und die Engeloffenbarungen nicht mehr, nicht die Liebe und die Innigkeit Gottes, weil in der materiellen Welt das Urlicht sich veräußerlichte. Die ganze Sinneswelt steht vor dem Anblick der Gottheit. Das ahnte Arthur Schopenhauer, als er sein Hauptwerk »Die Welt als Wille und Vorstellung« schrieb: Gottes Offenbarung ist durch die Vor-stellung der Sinneswelt verstellt, und nur durch die Unmittelbarkeit der Musik haben wir einige Kunde von ihr.

Aber einmal offenbarte sich Gottes Innigkeit und Liebe, getragen von der Weltmusikalität der Engel in jener ersten Weihnacht: »Also hat Gott die Welt geliebt, daß er seinen eingeborenen Sohn gab ...« (Joh. 3,16). Wenn die Erde unter Schnee und Eis kristallin wird, geschieht diese Geburt im Zeitverlaufe in »frommer Wiederholung« im Erden- und Menschenwesen immer wieder. Das Menschenheilende von außerhalb der Erde und der vor-gestellten Sinneswelt kann der Menschenseele als unmittelbare Geistkraft, die von Christus kommt, einwohnen. Sie steht über der Natur und Erdenwelt, kann sie ordnen und dadurch deren Dunkelheit überwinden.

*

Menschlich anteilnehmendes Erkennen und christliche Gesinnung sprechen aus den vielen Äußerungen Goethes über die Priorität des Menschengeistes, der doch auch von außerhalb der Erde und ihrer Natur kommt, über die natürlichen und leiblichen Verhältnisse. Daß bei der Durchlichtung der natürlich-leiblichen Gegebenheiten diese nicht zu stark oder dominierend seien, ist dabei Bedingung; denn was heißt schon eine robuste Gesundheit nur um der Gesundheit willen? So sagte Goethe einmal (im August 1805) zu Dr. Riemer: »Die Natur hat offenbar gewollt, daß wir nicht eben unsre körperlichen Kräfte in dem Grade des natürlichen Zustandes erhalten sollten, daß wir schwächer werden sollten, ohne doch darum einzubüßen; denn sie hat uns in der menschlichen Gesellschaft, im Zusammenleben und in der Gewalt des Verstandes eine Stärke zubereitet, die alle Stärke der wildesten Tiere übertrifft. Und gewisse Operationen des Geistes gelingen nicht anders, als bei einer zarteren Organisation.« Und Jahre später im

Gespräch mit Eckermann greift Goethe wieder dieses Thema auf, als er sich Schillers erinnert, wohl wissend, daß die leibliche Existenz genialer Menschen nur auf einer zarten Grundlage ruht: »Das Außerordentliche, was solche Menschen leisten, setzt eine sehr zarte Organisation voraus, damit sie seltener Empfindungen fähig sein und die Stimme der Himmlischen vernehmen mögen. Nun ist eine solche Organisation im Konflikt mit der Welt und den Elementen leicht gestört und verletzt, und wer nicht, wie Voltaire, mit großer Sensibilität eine außerordentliche Zäheit verbindet, ist leicht einer fortgesetzten Kränklichkeit unterworfen. Schiller war auch beständig krank. Als ich ihn zuerst kennenlernte, glaubte ich, er lebe keine vier Wochen. Aber auch er hatte eine gewisse Zäheit; er hielt sich noch die vielen Jahre und hätte sich bei gesünderer Lebensweise noch länger halten können« (20. Dezember 1829). An Schillers überragender Geistgestalt gewann Goethe immer mehr die Anschauung des von außerhalb der irdischen Natur kommenden Menschengeistes, der sich im Werden offenbart: »... wenn ich ihn drei Tage nicht gesehen hatte, so kannte ich ihn nicht mehr; so riesenhaft waren die Fortschritte, die er in seiner Vervollkommnung machte« (Goethe zu C. F. A. von Conat, Legationsrat in Weimar, Mai 1820). »Es ist unglaublich wie dieser Mann sich in den letzten Jahren ausgebildet, wie frei er sich bewegt hat. Seit zehn oder zwölf Jahren glaubte man er könnte kein Jahr mehr leben; man hatte sich daran gewöhnt und glaubte nicht mehr, daß er sterben könnte« (zu K. F. Reinhard, Frühjahr 1807). Darum fühlte sich

Goethe auch beim Tode Schillers »vernichtet« und hat entgegen mancher Annahmen unsäglich unter ihm gelitten, so daß ihm noch Jahre später die Tränen in die Augen traten, wenn nur das Gespräch auf Schiller kam.

Aber Goethe fühlte auch an sich selbst diesen der Natur übergeordneten Menschengeist, der sich im »Überwinden der Welt« (Joh. 16,33) offenbart. Ja, der Menschengeist trägt seine leibliche Grundlage erst dann, wenn er sie in ihrer Eigengesetzlichkeit anfängt zu überwinden. Das rührt an das Mysterium Christi, der im Überwinden der Welt sie trägt. – »Es ist unglaublich ... wieviel der Geist zur Erhaltung des Körpers vermag. Ich leide oft an Beschwerden des Unterleibes, allein der geistige Wille und die Kräfte des oberen Teiles halten mich im Gange. Der Geist muß nur dem Körper nicht nachgeben! So arbeite ich bei hohem Barometerstand leichter als bei tiefem. Da ich nun dieses weiß, so suche ich bei tieferem Barometer durch größere Anstrengung die nachteilige Einwirkung aufzuheben, und es gelingt mir« (Zu Eckermann am 21. März 1830). »Ich kann aus meinem eigenen Leben ein Faktum erzählen, wo ich bei einem Faulfieber der Ansteckung unvermeidlich ausgesetzt war und wo ich bloß durch einen entschiedenen Willen die Krankheit von mir abwehrte. Es ist unglaublich, was in solchen Fällen der moralische Wille vermag! Er durchdringt gleichsam den Körper und setzt ihn in einen aktiven Zustand, der alle schädlichen Einflüsse zurückschlägt. Die Furcht dagegen ist ein Zustand träger Schwäche und Empfänglichkeit, wo es jedem Feinde leicht wird, von uns Besitz zu nehmen« (zu Eckermann am 7. April 1829).

Auf der Grundlage der schwachen, zu überwindenden Leibesnatur wird der Mensch sich seiner von außerhalb der Erde kommenden Eigenart erst bewußt: »Jede Entelechie nämlich ist ein Stück Ewigkeit, und die paar Jahre, die sie mit dem irdischen Körper verbunden ist, machen sie nicht alt« (zu Eckermann, 11. März 1828).

Man fühlt sich manchmal an das zunächst rätselhafte Wort des Apostels Paulus erinnert, welches in der Lutherübersetzung so wiedergegeben wird: »... meine Kraft ist in den Schwachen mächtig« (2. Kor. 12,9), wenn man von den vielen, oft lebensbedrohenden Krankheiten Goethes erfährt. Vielleicht könnte der Paulustext, etwas umschrieben, so verstanden werden: Die Kraft der ewigen Entelechie, welche die Anwesenheit Christi in uns ist, offenbart sich in der Erdenwelt auf der Grundlage des schwachen, sterblichen Leibes. Dann trägt zu diesem Verständnis auch eine Aufzeichnung des Arztes Dr. L. K. Vogel bei, der aus Goethes letzten Jahren berichtet: »Rühmte Goethe seine Produktivität, so machte mich das stets besorgt, weil die vermehrte Produktivität seines Geistes gewöhnlich mit einer krankhaften Affektion seiner produktiven Organe endigte. Dies war so sehr in der Ordnung, daß mich schon im Anfange meiner Bekanntschaft mit Goethe dessen Sohn darauf aufmerksam machte, wie, soweit seine Erinnerung reichte, sein Vater nach längerem geistigem Produzieren noch jedesmal eine bedeutende Krankheit davongetragen habe.«

Noch einmal ist dieses Motiv der Überwindung der Leibesnatur zu vermerken. Als der Sohn Goethes, der von den Krankheiten des Vaters jene bedeutende Beobachtung dem Arzt mitteilte, Vorbereitungen zu einer italienischen Reise traf, saß Goethe, einen Monat vor Aufbruch seines Sohnes und Eckermanns mit letzterem zu Tisch (Sonntag, den 21. März 1830). Goethe suchte eine Maxime über das Ergebnis seiner eigenen einstigen italienischen Reise, ja allen Reisens überhaupt: »Man kommt gewöhnlich zurück, wie man gegangen ist ... ja, man muß sich hüten, nicht mit Gedanken zurückzukommen, die später für unsere Zustände nicht passen. So brachte ich aus Italien den Begriff der schönen Treppen zurück, und ich habe dadurch offenbar mein Haus verdorben, indem dadurch die Zimmer alle kleiner ausgefallen sind, als sie hätten sollen. Die Hauptsache ist, daß man lerne, sich selbst zu beherrschen. Wollte ich mich ungehindert gehen lassen, so läge es wohl in mir, mich selbst und meine Umgebung zugrunde zu richten.« Alles Reisen – ein Mittel zur Selbstbeherrschung und dadurch des Selbstfindens, auch die größte aller: die Reise des ganzen Erdenlebens. – August von Goethe und Dr. Eckermann fuhren nach Italien. Vater Goethe schrieb Eckermann als Reisegeleit ins Stammbuch:

»Es geht vorüber, eh' ich's gewahr werde,
Und verwandelt sich, eh' ich's merke.
Den Reisenden.« (Hiob)

Der Geist des Werdens, der die Weltüberwindung selber ist, sollte die Reisenden geleiten. Eckermann trennte sich in Norditalien von August von Goethe. Dieser zog nach Rom, starb dort und liegt unweit der Pyramide des Cestius begraben, neben der Goethe und Baron Güldenstubbe zweiundvierzig Jahre vorher so ergreifend Abschied von Italien genommen und einander gelobt hatten, hier die letzte Ruhestätte zu suchen . . .

Gesundheit, Krankheit, Gewahrwerdung der ewigen Entelechie, Heilung, Sterben und Wiedergeborenwerden sind Motive, die nur aus dem Christentum heraus zu verstehen sind. Sie sind auch – wie Novalis von der Krankheit sagte – musikalische Probleme, sind kontrapunktisch, in Thema und Antithema als eine Komposition geordnet. Jenes flexible, empfindliche Gleichgewicht zwischen Geburt und Tod, leben im Leibe und außer dem Leibe, das wir in der Geburt, im Leiden, Sterben und in der Todesüberwindung Christi anschauen, ist auch unser menschliches Leben: Es ist schon »Nachfolge Christi« durch sich selbst.

Darum haben wir in dieser Schrift das Menschliche mit dem Christentum so verwandt gefunden und die christlichen Mysterien an das Menschentum eines Großen, an Goethe, angeknüpft. Durch beides wird die Seele zur religiösen Welterfahrung geführt. Dabei haben wir versucht, durch anekdotische Einzelheiten der Sinneswelt das Tor zur geistigen zu finden, die Überzeugung des Schreibers des Johannes-Evangeliums teilend, der höchstes Geistiges mit der genauesten irdischen Einzelkenntnis verband. – Vom Leiden, Sterben und der Auferstehung Christi führte uns der Weg zum Ursprung des Moralischen und dem des Erdendaseins; von dieser Sinngebung zum Sterben des Menschen und seinem nachtodlichen Leben in einer engelhaft hierarchischen Umwelt; von dort zur Wiedergeburt und zum Verständnis der Geburt Christi auf Erden. Wie Geistiges in das Erdendasein hereinlebt, das zu bemerken, führt zum »Frieden auf Erden«. Darin zeigt sich die heilende Macht des Christentums.

Das alles kann heute in freier Denkbarkeit ohne die geringste dogmatische Note vor der Menschenseele stehen. Darum haben wir uns auch auf unsere Einsicht berufen und Goethe nur dann zitiert, wenn unsere Einsicht von der seinigen schöner und reifer berührt wurde. So wurde Goethe zum Weggeleiter einer wenn auch anfänglichen Welterfahrung, die, weil nicht nur mit einem Teil der Seele unternommen, religiös genannt werden muß: »Die Menschen sind nur so lange produktiv in Poesie und Kunst, als sie noch religiös sind ...« und: »Geduld, Hoffnung, Glaube, Liebe, alle diese Tugenden sind die Vernunft actu, in Ausübung, sie sind die ausgeübte Vernunft« (Goethe zu Riemer 1810). Der erkennende Teil der Menschenseele ist auch religiös, insofern er nicht nur »nachahmend und wiederholend« ist. Gewiß gibt es Verhältnisse, wohin die gegenwärtige Menschenerkenntnis nicht reicht, aber bei jeder Gelegenheit gleich »Gottes unbegreifliche Ratschlüsse« zu zitieren, halten wir für die unbegreiflichen Müdigkeiten einer Seelenhaltung, die keinesfalls religiös genannt werden kann.

*

So kehren wir denn zur ruhigen Erkenntnisstimmung der Winternächte zurück. Die Erde denkt. Sie ist zur Weihnacht naturhaft religiös. Sie ersehnt in denkender Hingabe ihre Intuitionen von außerhalb des Irdischen. Dabei wird sie durch die Mineralisierung von Eis und Schnee steinern, wird Krypta, Grotte, in welcher sie einst leibhaftig Gottes Sohn auf Erden als ihre höchste Intuition gebar. In »frommer Wiederholung« gibt die Erde alljährlich im Winter Menschenseelen Gelegenheit, die einmalige geistig-physische Intuition immer wieder in seelischen Intuitionen abzubilden.
Hirten schauten die erste und schauen die immerwährende Geburt. Könige bewunderten und bewundern sie. Sie opferten und opfern davor. Wenn Menschen vor der Geburt Gottes auf Erden und in den Seelen »sich ins Rechte denken«, wird die Folge der Friede der Seelen auf Erden sein.
Die Erde denkt, immer wieder Menschenseelen zur irdischen Geburt herabzubitten. Im Zurückverfolgen einer Ahnenreihe und Geschlechterfolge wird das Denken der Erde den Menschen bewußt. Im Anblick jener höchsten Geburt versetzte sich der Evangelist Matthäus in den Strom des Erdendenkens, der ihn die Ahnenreihe Jesu durch Israel von Joseph bis Abraham zurückführte. Der Evangelist Lukas versenkte sich abermals. Im Verfolgen der Geschlechterreihe Jesu über Abraham hinaus bis zu Adam wurde Lukas in das ganze Menschheitswerden geführt. Adam aber »war Gottes« (Luk. 3,38), ehe er durch den Sündenfall in die Gottferne fiel und das ursprüngliche Licht der Gottesoffenbarung sich ihm verdunkelte.

Lukas schaut im Aufzählen der Ahnenreihe Jesu den Erden- und Menschenursprung vor dem Fall. Vom Schauen Gottes, »de visione dei«, könnte man seinen Bericht von der Weihnachtsnacht nennen: die ursprüngliche Menschengeburt aus Gottes Hand. Da aber die Geburtskräfte gleichzeitig die der Regeneration und Gesundung im Menschendasein sind, ist auch mit der ursprünglichen, sündlosen Menschengeburt Jesu Christi das immerwährend Heilende der Menschennatur geboren: »Heute ist euch der Heiland geboren . . .« (Luk. 2,11).

Das göttliche Kind aber hatte alle diejenigen Fähigkeiten nicht, die erst durch den Sündenfall entstanden waren. Es hatte keine Vor-stellungen, die, gebildet an der Sinneswelt, sich beim Erdenmenschen vor das Urlicht des Paradieses stellen. Es war nicht im irdischen Sinne klug. Dafür lebte es in einem reinen, liebevollen Willen, dem Gegenpol irdischen Klugseins, in unschuldiger Hingabe.

Der ursprüngliche Wille der Geistwelt erscheint in der Welt der Vor-stellung als Musik. Das Urlicht der Menschenschöpfung aus Gottes Hand wurde in der ersten Weihnacht herabgeglänzt, herabmusiziert. Die Geburt des Urlichtes aus dem Geiste der Musik ist ein weihnachtliches Thema.

Das göttliche Urlicht ist wieder da, aber nicht naturhaft, sondern vom Musikalischen der inneren seelischen Auffassung getragen. Bedenken wir noch, daß die Intuition der Erde in der Intuition des Menschendenkens ihr Abbild hat, das nicht in Naturnotwendigkeit, sondern in der Freiheit besteht, dann darf man sagen: Die ursprüngliche Gottesoffenbarung vom Anfang der Erdenschöpfung ist durch die Weihnacht der Denkfähigkeit der Menschenseele übergeben. Was immer getrennt war und sich ausschloß, Naturoffenbarung und menschliche Freiheit, ist durch die Weihnacht eines geworden. Er, der die Erde geschaffen hat, kann in der Menschenseele im Gedanken leben, dann aber das gesamte Menschensein erfüllen: »Nun lebe ich, aber nicht ich, der Christus lebt in mir« (Gal. 2,20).

Die Denker des Abendlandes und in der neueren Zeit namentlich die Vertreter des deutschen Idealismus sind die Wege des weihnachtlichen Christentums gegangen. Winterlich-weihnachtlich mutet das Gedankenwesen an. Die Logik ist winterhell, aber sie ersehnt und empfängt das Licht aus den Höhen. In der Mitte der gemäßigten Zone, in Mitteleuropa, blühen der deutsche Idealismus, die Klassik und die Romantik.

Im Anblick der Erdennatur gewinnt das Leben in Gedanken allmählich Gestalt, wenn man sein Urteil an das, was einem vor Augen ist, anschließt. In seinem langen Leben übte Goethe diese Gesinnung. Seine letzten Jahre waren wie eine ruhige Winterlandschaft: besonnt und erhaben, kristallhell und schneemilde. Er, der die Sonne und den Sommer so liebte, bildete in seinem Geistverhalten das spirituelle winterliche Gegenbild aus. Es ist mehr als eine zufällige Bemerkung, wenn eine Besucherin von Goethe schrieb (Caroline von Pentheler, März 1829): »Eine unendliche Ruhe ist über ihn ausgebreitet.«

IV. »Natur und Geist« — Der Sinn für das Sichtbare und die Mysterien des Moralischen

»Allgemeine fromme Betrachtung«

Unter diesem Titel schrieb Goethe 1821 eine Betrachtung nieder, in welcher er sich ein Erlebnis vergegenwärtigte, das er acht Jahre vorher, als er das letzte Mal in Teplitz in Böhmen weilte, hatte. Es ist sicher nur eine einfache Begegnung gewesen, wie sie im alltäglichen Leben immer wieder vorkommen mag. Aber in Goethes menschlich-reiner Aufmerksamkeit beginnt sie eine Bedeutung zu haben, die schließlich zu einer seiner reifsten Altersdichtungen hinleitet.

»In der Gegend von Teplitz ging ich eines Tages bei unfreundlichem Wetter durchs Feld. Der Himmel, stürmend, bedrohte mit Regen, und doch trieb mich etwas den freistehenden Schloßberg hinan. Strichregen gingen an mir vorüber und über mich weg und es war ein verdrießlicher Zustand, als ich mich oben zwischen altem, grauem Gemäuer sah, das ohne Licht, Schatten und Farbe widerwärtig neben- und übereinander stand und lag.«

»Als ich mir nun selbt ein Rätsel schien, bot sich die vollkommenste Auflösung dar. Ich trat in eins der Gewölbe, um mich vor dem Regen zu schützen und erblickte darin mit Verwunderung den schönsten Knaben der Welt, der in Begleitung eines alten Man-

nes hier gleichfalls Schutz gesucht. Reinlich gekleidet, eher ärmlichen Bürgern als wohlhabenden Bauern ähnlich, standen sie auf und erwiderten meinen Gruß. Sie bestätigten meine Vermutung. Es waren Bürger eines kleinen Ortes, notdürftig, wenn auch nicht kümmerlich lebend; sie hofften, durch einen Besuch bei entfernten Verwandten ihren Zustand zu verbessern, und so zogen sie durchs Land. Bei Erblickung des Schloßberges hatte der Knabe bei frischem und lebendigem Höhensinn den Vater bewogen, diesen Gipfel von jenseits zu ersteigen, indes ich von der anderen Seite herkam. In dieser Mauerhöhle das schöne Wunderkind zu sehen, machte mich lächeln, ich dankte dem Genius, der mich bei dem Schopfe herangezogen hatte und gab nach treulichen Glückwünschen dem Knaben als Reisezehrung alles, was ich bei mir fand und habe mich des unschuldigen Abenteuers immer gerne erinnert.«
Die Erinnerung dieses »unschuldigen Abenteuers« aber nimmt künstlerische Gestalt an. Das Motiv der »Novelle« – einer Neuigkeit – war angeschlagen. Die Landschaft Böhmens gibt den Hintergrund und die Szenerie. Ein lieblicher Knabe, dessen »frommer Sinn und Melodie« die Wildheit des Löwen bezähmt, steht im Mittelpunkt der Handlung. Die lautere, zarte Kindlichkeit erweist ihre Überlegenheit gegenüber der gefürchteten Naturkraft. – In diesem Sommer (1813) versuchte sich Goethe in der Komposition von Psalm 30 (in der Luther-Bibel Psalm 31) in vierstimmigem Satz. Die Psalmworte »In te Domine speravi et non confundar in aeternum« (Herr, dir vertraue ich hoffend, auf daß ich in der Ewigkeit nicht

untergehe) könnten als Motto über dieser Erzählung stehen, setzte doch Goethe sein Vertrauen in die Sanftmut Gottes, der durch seine Milde in den Menschenseelen die Welt überwindet. Und als Goethe »in seinen hohen Jahren« 1828 noch einmal die »Novelle« vornimmt, um letzte Hand daran zu legen, wird ihm, der täglich von seinen Enkeln umgeben war, das Kindliche in seiner Lauterkeit zum Symbol der Überlegenheit über alles Gewalttätige in der Welt.
»Die sanften frommen Lieder« und »frommer Sinn und Melodie«, das wurde für Goethe in all seiner Erfahrung und Sachlichkeit der Lebensauffassung zum Keim menschlicher Kultur überhaupt. Vielleicht gehören viele Jahre geübten Wirklichkeitssinnes dazu, nicht nur zu wissen, sondern auch zu fühlen, daß aus der Milde menschlicher Bildung jene Macht der Bedeutung wächst, die wahrhaft großes Menschentum auszeichnet. Was sind dagegen die Mittelmäßigkeiten, zu denen die gegenwärtige Zivilisation vornehmlich erzieht.
Jahre vorher, ehe Goethe zum letzten Mal seine »Novelle« vornahm, schrieb er voller Sorge an Zelter in Berlin (1825): »Niemand kennt sich mehr, niemand begreift das Element worin er schwebt und wirkt, niemand den Stoff, den er bearbeitet. Von reiner Einfalt kann die Rede nicht seyn; einfältiges Zeug gibt es genug. Junge Leute werden viel zu früh aufgeregt und dann im Zeitstrudel fortgerissen; Reichtum und Schnelligkeit ist was die Welt bewundert und wonach jeder strebt; Eisenbahnen, Schnellposten, Dampfschiffe und alle möglichen Facilitäten der Communikation sind es worauf die gebildete

Welt ausgeht, sich zu überbieten, zu überbilden und dadurch in der Mittelmäßigkeit zu verharren. Und das ist ja auch das Resultat der Allgemeinheit, daß eine mittlere Cultur gemein werde, dahin streben die Bibelgesellschaften, die Lancastersche Lehrmethode, und was nicht alles.
Eigentlich ist es das Jahrhundert für die fähigen Köpfe, für leichtfassende praktische Menschen, die mit einer gewissen Gewandtheit ausgestattet, ihre Superiorität über die Menge fühlen, wenn sie gleich selbst nicht zum Höchsten begabt sind. Laß uns soviel als möglich an der Gesinnung halten in der wir herankamen, wir werden, mit vielleicht noch wenigen, die Letzen seyn einer Epoche, die sobald nicht wiederkehrt . . .«
Goethes tiefe Kultursorge drückte sich in den Worten aus: »Zeitstrudel«, »Reichtum«, »Schnelligkeit« und der daraus resultierenden »Mittelmäßigkeit« mit ihrer anmaßenden, ins Leere gehenden Geschäftigkeit. Man stellt Mitmenschlichkeit als Forderung auf. Aber dazu gehört die Aufmerksamkeit für den anderen Menschen in seiner Einmaligkeit. Hat man noch Sinn, den Mitmenschen in seiner originellen Fähigkeit wirklich wahrzunehmen, ehe man allgemeine Mitmenschlichkeit postuliert?
Dieser Sinn für das Einmalige im Menschen, der auch in einer geschichtlichen Betrachtung dominierend sein sollte, war Goethe bis zum Extrem eigen. Man erinnere sich der Worte, die er Riemer gegenüber (22. August 1817) über die Reformation äußerte: ». . . unter uns gesagt, ist an der ganzen Sache nichts interessant als Luthers Charakter, und auch das einzige,

was der Menge eigentlich imponiert. Alles übrige ist ein verworrener Handel, wie er uns noch täglich zur Last fällt.«

Gewiß, Kaiserinnen gibt es nicht mehr. Aber es war auch nicht das Kaiserinnenhafte, das Goethe an der jugendlichen österreichischen Kaiserin Maria Ludovica rühmte, der er in Teplitz begegnete, aus »Tasso«, »Iphigenie« und »Pandora« vorlas. Und als sie Abschied nahm, schrieb er (August 1812 an Reinhard): »Eine solche Erscheinung gegen das Ende seiner Tage zu erleben, gibt die angenehme Empfindung, als wenn man bei Sonnenaufgang stürbe und sich noch recht mit inneren und äußeren Sinnen überzeugte, daß die Natur ewig produktiv, bis ins Innerste göttlich, lebendig, ihren Typen getreu und keinem Alter unterworfen ist.«

Maria Ludovicas zarte Gesundheit erschöpfte sich bald. Am 7. April 1816 starb sie im Alter von 29 Jahren. Die Erschütterung Goethes über diesen Verlust ließ ihn wie schon oft verstummen. Wieder und wieder las er die Gedichte sich vor, die ihr Angedenken beschworen: »Der Kaiserin Platz« und »Der Kaiserin Becher«: »Dich, kleingeblümt Gefäß, mit Schmuck und Leben / Des Blumenflores malerisch zu umwinden / Ist zwar zu spät ...« Seine Andenken an Ludovica bewahrte er mit heiliger Scheu. Noch 1826 zeigte er sie Grillparzer, der davon berichtete: »Diese Schätze waren ... in ein seidenes Tüchlein eingeschlagen und Goethe benahm sich ihnen gegenüber mit einer Art Ehrfurcht.«

Das war Goethe eigen: Ehrfurcht vor dem böhmischen armen Knaben, vor der jugendlich zarten Kaiserin, vor den Angedenken und Gegenständen, die den Menschen dienten, auch in einem ganz praktischen Sinne. Eine »allgemeine fromme Betrachtung« umgreift auch die Dinge, die Menschen gemacht und geleistet haben. Darin bekundet sich Goethes Sachfrommheit.

Anfang des Jahres 1827 beginnt der Briefwechsel Goethes mit der 17jährigen Pragerin Leopoldine Grustner von Grußdorf. Elternlos wendet sich die junge Künstlerin an Goethe, von dem sie Maximen für ihre malerische Weiterbildung erhofft. Am 30. März schreibt Goethe ihr aus seiner Sachfrommheit, das Urteil anzuschließen an das, was ihr vor Augen liegt, das Sichtbare zu erkennen, um dadurch für das Ideelle und schließlich Moralische eine begründete Zuneigung und Liebe zu entwickeln: »Da Sie einen lebhaften Drang fühlen, dasjenige, was Ihnen in der sichtbaren Welt begegnet, nachzubilden, so bitte ich Sie inständig, sich nur an das Bewegte, Tätige, Kräftige und Wirksame zu halten ... Sehen Sie den Kindern aufmerksam zu, wenn diese nun im Frühjahr ihre Spiele beginnen, es sei nun, daß sie Ball werfen und schlagen, den Kreisel peitschen, den Reif treiben, auf Stelzen gehen, sich überschlagen und wozu sie sonst die Überfülle unausgebildeter Kräfte mutwillig verschwenden. Heften Sie ferner Ihre Augen auf solche Handwerker, welche kräftige, tüchtige Bewegungen nachzubilden Anlaß geben; den Schmiedmeister, der mit seinen Gesellen um den Amboß herwirkend das Eisen bändigt. Lauern Sie ihm wie andern das Charakteristische des Geschäfts ab. Sind Sie zu ruhigeren Betrachtungen geneigt, so sehen Sie auf dem

Markte Verkäufern und Käufern zu, dort werden einem lebendig aufmerksamen, geistreichen Blick die anmutigsten Motive sich entdecken. Nun aber da ich Sie an die nächste Wirklichkeit hinweise, welche fast unwert schiene, von Ihnen nachgebildet zu werden, so sage ich noch: daß *der Geist des Wirklichen eigentlich das wahre Ideelle ist.* Das unmittelbar sichtlich Sinnliche dürfen wir nicht verschmähen ... Wenn Sie diese meine Vorschläge aufnehmen und sich von der Brauchbarkeit derselben überzeugen, wünsche ich schriftlich, mehr aber bildlich ausgedrückt zu erfahren; wobei ich denn aber und abermals wiederhole, daß der bildende Künstler sich zuerst an der kräftigen Wirklichkeit vollkommen durchüben müsse, um das Ideelle daraus zu entwickeln, ja zum Religiösen endlich aufzusteigen.«

Die religiöse Empfindung gegenüber dem Unsichtbaren hat seinen Grund in der liebevoll interessierten Auffassung des Sichtbaren.

Wie anteilnehmend schreibt Goethe (aus Zürich am 30. November 1779) an Charlotte von Stein über einen Schreibtisch, den er ihr zum Geschenk gemacht hat: »Glauben Sie mir, ich halt' ihn auch für kostbar, denn seit Anfang dieses Jahres habe ich mich beschäftigt, ihn zusammenzutreiben, alles selbst ausgesucht, aufgesucht, davon viele Anekdoten zu erzählen wären. Bin oft vergnügt von Ihnen weg zum Tischler gegangen, weil etwas im Werk war, das Sie freuen sollte ... Wenn Freundschaft sich bezahlen läßt, so ist, dünkt mich, das die einzige von Gott und Menschen geliebte Art. Also meine Beste – verzeihen Sie mir diese Rodomontade! Ich werde verleitet, Sie auf den eigentlichen Preis des Dings zu weisen ...«

Und wie rühmt Goethe noch den »Preis des Dings« auf einer Ausfahrt mit Eckermann (24. September 1827), als er diesem einen geflochtenen Korb zeigt, den er aus Marienbad mitgebracht hatte und der ihm so lieb geworden war, daß er ohne ihn nicht glaubte reisen zu können: »Sie sehen, wenn er leer ist, legt er sich zusammen und nimmt wenig Raum ein; gefüllt dehnt er sich nach allen Seiten aus und faßt mehr, als man denken sollte. Er ist weich und biegsam und dabei so zäh und stark, daß man die schwersten Sachen darin fortbringen kann ... Er kommt der Antike nahe, denn er ist nicht allein so vernünftig und zweckmäßig als möglich, sondern er hat auch dabei die einfachste, gefälligste Form, so daß man also sagen kann: er steht auf dem höchsten Punkte der Vollendung. Auf meinen mineralogischen Exkursionen in den böhmischen Gebirgen ist er mir besonders zustatten gekommen. Jetzt enthält er unser Frühstück.« – Das ist Goethes Hymnus und Preis auf einen so einfachen, praktischen Gegenstand. Und dieser Preis des Praktischen und dessen, was uns sichtbar vor Augen liegt, an das man zunächst allein das Urteil anzuschließen hat – »Wilhelm Meisters Wanderjahre« sind ganz aus dieser Erkenntnis- und Lebensgesinnung geflossen –, wird zum »frommen Sinn und Melodie«:

»Weite Welt und breites Leben,
Langer Jahre redlich Streben,
Stets geforscht und stets gegründet,

Nie geschlossen, oft geründet,
Ältestes bewahrt mit Treue,
Freundlich aufgefaßtes Neue,
Heitern Sinn und reine Zwecke:
Nun, man kommt wohl eine Strecke!«

»... eine Strecke« hinauf auf dem Wege zum Unsichtbaren; denn an den Sinn für das Sichtbare schließt sich die Erfahrung der Mysterien des Moralischen am allernatürlichsten an.

Die Brücke über den Fluß

An einem Junitage des Jahres 1795 ging Goethe im »Paradies« längs des Saaleufers bei Jena spazieren. Da sah er »jenseits des Flusses auf bunter, mit Bäumen besetzter Wiese eine schöne Frau, der die Natur eine herrliche Stimme geschenkt hatte, in weißem Kleide und buntem Turban mit andern Frauen umherstreifen, und hörte ihren Gesang über das Wasser herüber. In der Nähe des Paradieses wohnte ein alter Mann, der um geringen Lohn jeden, welcher da wollte, in einem schmalen Kahn nach dem jenseitigen Ufer brachte. Als es schon dämmerte, kamen ein paar Studenten und schifften mit Hilfe des alten Fischers lachend und den Kahn schaukelnd über den Fluß. Jener Abend erweckte, wie Goethe einmal erzählte, in ihm den Gedanken an das Märchen mit der grünen Schlange« (K. Schönborn, 1795).
Goethes seelenoffene Hingabe an seine Umwelt, die anmutige Landschaft, die Gunst eines besonderen

Augenblickes mochten seinen Sinn von der sichtbaren Natur für Empfindungen und Bilder aus der Übernatur des zunächst Unsichtbaren erhoben haben. So nämlich mutet das »Märchen« an: die Anschauung der Erde in Geistigkeit wandeln. So steht denn gleich am Beginn dieses wundersamen Bildergewebes das Bild eines »großen Flusses«, der aber nicht irgendwo auf der Erde gefunden wird, sondern der dort strömt, wo das Irdische an seine Grenze, an das Überirdische, Geistige stößt. Oft wurde in der Geschichte des menschlichen Bewußtseins die Grenze zwischen der irdischen und der geistigen Welt im Bilde des großen Stromes erlebt, so der Okeanos der Griechen, der die Erde mit seiner Flut umgibt. Aber noch im Mittelalter wurde »das Wasser« so gewaltig strömend geschaut, daß niemand, der sich diesseits befindet, ins Jenseits, wo die Toten und Ungeborenen leben, hingelangen kann, solange er noch im Erdenleibe lebt: Die bewußte Geistesschau war erloschen. Nur in Träumen bei herabgedämpftem Bewußtsein gab es noch Stege über den großen Strom.

Das mußte Goethe an jenem heiteren Juniabend geahnt haben. Und in Gesichten war es ihn überkommen, beginnt doch das Märchen gleich so: »An dem großen Flusse, der eben von einem starken Regen geschwollen und übergetreten war...« Die geistige Welt grenzt die irdische mit Überflutung; das ist auch die Situation des Augenblickes: Dic geistigen Bildungen regnen in Goethes Gemüt. Aber sie regnen geordnet. Angeregt durch die schöne Bildung der Natur ordnet sich das Bildergewebe des Geistes; denn beide Ordnungen entsprechen einander.

Beim Nacherleben dieser Bilder werden Empfindungen wach, die denen ähnlich sind, die beim Lesen des letzten Kapitels des Johannesevangeliums auftreten können: Der Auferstandene erscheint seinen Jüngern am See; es ist Morgenstimmung; das Mysterium der Sündenvergebung geschieht. Wie anders sind die Bilder des »Märchens« – und doch ähnliche Empfindungen. Das ist rätselhaft, bis man auf die Stelle im »Märchen« stößt, die diese Verwandtschaft offenbart: »Gehe, sagte der Alte, und folge mir! Alle Schulden sind abgetragen. Die Alte eilte weg, und in dem Augenblick erschien das Licht der aufgehenden Sonne . . .« Sie bescheint ordnend die schöne Bildung der Welt, die der Sonnenmensch Goethe so liebte. Und wenig später im »Märchen« begegnet man wiederum einem schnell vorübergehenden, nur angedeuteten, doch wieder unübersehbaren moralischen Motiv: »Die Liebe herrscht nicht, aber sie bildet, und das ist mehr.«

Sie hat die Erdenwelt aus dem Geiste herabgebildet. Sie führt die Menschenseele über den »großen Fluß«. Sie baut die Brücke zu den Reichen der Engel schon vor dem leiblichen Tode, läßt als Möglichkeit alles das erfahren, wovon wir im zweiten Abschnitt dieses Buches sprachen. Christliche Geisterkenntnis hat ihren Anfang in der Menschenliebe, die als Bildung erfahren wird. Hier erinnern wir uns an Goethes Menschentum, wie wir es im Vorwort dieser Schrift verzeichneten: »Mild, vergebend, wohltätig, stets für andere wirkend, dem Höchsten nachstrebend«.

So nahe wohnen wahre Menschlichkeit und das Christentum beieinander . . .

Die bildende Liebe führt einen Weg. Dieser führt an die Brücke über den »großen Fluß«. So endet das »Märchen«: »... und bis auf den heutigen Tag wimmelt die Brücke von Wanderern ...« Es sind alle die Menschen, welche die Bildung anstreben, einander gut sein wollen. Goethe meinte das – wie eigentlich alles, was er meinte; denn seine ganze Eigenart wendet sich gegen das Abstrakte – ganz konkret. So hat F. von Müller ein Gespräch mit ihm aufgezeichnet (vom 7. April 1830), in welchem Goethe von der Kultur des Christentums spricht: »Was die Kultur der Natur abgewonnen habe, dürfe man nicht wieder fahren lassen, es um keinen Preis aufgeben. So sei auch der Begriff der Heiligkeit der Ehe eine solche Kulturerrungenschaft des Christentums und von unschätzbarem Wert ...« Es war Goethes wiederholt ausgesprochene Sorge: »... wenn nur der allgemeine Begriff der Heiligkeit der Ehe aufrecht bleibt«.
Vieles wurde über Goethes Ehe mit Christiane gesprochen und geschrieben – manches Zutreffende und manches Unzutreffende. Charlotte von Schiller machte sich gerne lustig über die »Kugelgestalt der Frau Geheimrätin von Goethe«, von Frau von Steins Mißbehagen ganz zu schweigen. Aber Goethe stellte in Karlsbad der Frau Elisa von der Recke, die nach dem Tode Christianens Johanna Schopenhauer darüber berichtete, seine Gattin mit den Worten vor: »Ich empfehle Ihnen meine Frau mit dem Zeugnis, daß, seitdem sie ihren ersten Schritt in mein Haus tat, ich ihr nur Freuden zu danken habe.« Gewiß, der Alltag des Zusammenlebens kann nicht immer nur glücklich sein, war es auch in Goethes Alltag

nicht. Aber man erinnere sich an das treffliche Wort der Gestalt des Mittlers in Goethes »Wahlverwandtschaften« – und das drückt exakt Goethes Ehemoral aus –: »Unauflöslich muß sie (die Ehe) sein; denn sie bringt so viel Glück, daß alles einzelne Unglück dagegen nicht zu rechnen ist.«
Man fragt sich verwundert, woher denn Goethe diese Gewißheit des Moralischen genommen hat. – Der Sinn für das Sichtbare, in diesem Falle für die Metamorphosengestaltung des Pflanzlichen, wies Goethe zur moralischen Ordnung. Er beschäftigte sich eingehend mit den botanischen Studien Linnés – dem er neben Baruch Spinoza am meisten verdanke, wie er bekannte. Da fand Goethe bei Linné jenen Ausdruck, der ihm wie ein fernes Wetterleuchten für seine kommenden botanischen Arbeiten vorgekommen sein muß: »Metamorphosis vegetabilis«. Auch daß das Prinzip der Blüten und Blätter das gleiche ist: »Prinzipium florum et foliorum idem est«, fand er bei Linné, den Keim zu seiner eigenen »Metamorphose der Pflanzen«. Ein gescheiter Theoretiker hätte, mit den Metamorphosengedanken Linnés operierend, wenn auch nicht zu denselben Anschauungen Goethes gelangen können – denn dazu gehört eben das anschauende Interesse für das Sichtbare –, aber doch ganz gut ähnliche Gedanken finden können, wie sie dann Goethe niederlegte. Aber Goethe selber verfuhr keinesfalls so. Er hatte die Geduld eines Gärtners. Er grub, beschnitt, veredelte selbst. Er beobachtete und fand dann wirklich Neues. Und dann geschah es ihm, daß sein botanisches Interesse ganz behutsam hinüberwechselte in moralisches Aufmer-

ken. Er findet Christiane. Unvermutet kleidet sich diese Begebenheit in die Bildhaftigkeit des hegenden Gärtners. Da schreibt Goethe die Verse: »Gefunden.« »Ich ging im Walde / So für mich hin, / Und nichts zu suchen, / Das war mein Sinn. / Im Schatten sah ich / Ein Blümlein stehn ...« Das ganze Gedicht: menschlich-moralisches Imponderabiles im Bilde des lebendig Sichtbaren. Goethes moralische Gesinnung beweist sich nirgends schöner. Und dann spricht Goethe Christiane seine sittliche Überzeugung zu, die er durch die lebendige Teilnahme an der Ordnung der sichtbaren Natur sich errang, eine Überzeugung, die ihm zur ethischen Grundlage des Verheiratetseins »nur nicht durch Zeremonie« (1806 wurde er von Herder auch zeremoniell getraut) wurde:

»O, gedenke denn auch, wie aus dem Keim der Bekanntschaft
Nach und nach in uns holde Gewohnheit entsproß ...
Denke, wie mannigfach bald diese, bald jene Gestalten,
Still entfaltend, Natur unsern Gefühlen geliehen!
Freue dich auch des heutigen Tags! Die heilige Liebe
Strebt zu der höchsten Frucht gleicher Gesinnungen auf,
Gleicher Ansicht der Dinge, damit in harmonischem Anschaun
Sie verbinde das Paar, finde die höhere Welt.«

»Die Metamorphose der Pflanzen« – sie wird zum

Bilde unauflöslicher Lebensgemeinschaft, so wie auch die Natur ihre Ordnungen nicht durchbricht.

Nun war diese Lebensgemeinschaft auch manchen Prüfungen ausgesetzt. Nicht eigentlich von Goethe aus, sondern von Christiane. Sie war ja ein einfaches Kind gewesen, »Dein Nadurwesen«, wie sie Briefe an Goethe unterschrieb, ohne höhere Bildung. Sie wußte nicht, wie mit Geld umzugehen sei. Sie sparte und verschleuderte, wie es ihr oft in den Sinn kam. Sie bestand mit Hartnäckigkeit auf Erfüllung ihrer Wünsche nach der Art der Kinder. Goethe hatte oft Sorgen. Schiller mit seiner weltmännischen Überlegenheit nahm aufmerksam Anteil. Aus Mitleiden mit dem Freund gab er schließlich Goethe den Rat: Verlassen Sie das Mädchen. Machen Sie eine Reise. Bleiben Sie lange fort. Das Verhältnis löst sich von selbst. Sie sind es Ihrer hohen Berufung schuldig. – Goethe schwankte: Schiller, der Kluge, Welterfahrene, der »Arzt des Leibs und der Seele«, dessen Rat, vornehmlich in moralischer Beziehung, ihm so hoch galt, wollte das Verhältnis im Sinne der Gepflogenheiten jener Tage gelöst wissen. Viele machten es so. Niemand würde ihm deswegen übelwollen. Man würde Verständnis haben. Aber Christiane und sein vielgeliebter Sohn August? – Goethe schwankte. Gewiß, er war krank.

Und dann machte er eine Reise in die Schweiz. Da sieht er, der immer die anteilnehmendsten Blicke auf die sichtbare Natur zu werfen gewohnt war, einen Apfelbaum am Bach – es ist in der Nähe von Schaffhausen –, die Krone fast verdorrt, da dichter Efeu den Stamm umschlingt; ein Bauer haut mit dem Messer den umschlingenden Efeu ab. Goethe mag sinnend davorgestanden sein. Da bricht aus seiner Seele ein ergreifender Gesang: Das Bild wird zum Symbol seines eigenen Schicksals. Das Mysterium des Moralischen quillt aus dem Sinn für das Sichtbare. »Amyntas« nennt sich Goethe, der Patient; »Nikias« ist sein Arzt, und unter diesem Namen sieht Goethe Schiller, der ihm den eigentümlichen Rat erteilte. Und dann strömt die Elegie Goethes moralischen Bekenntnisses zu Christiane, schöner und reiner denn nie zuvor:

»Nikias, trefflicher Mann, du Arzt des Leibs und
der Seele!
Krank, ich bin es fürwahr; aber dein Mittel
ist hart.
Ach, mir schwanden die Kräfte dahin, dem Rate
zu folgen;
Ja, und es scheinet der Freund schon mir ein
Gegner zu sein.
Widerlegen kann ich dich nicht; ich sage mir alles,
Sage das härtere Wort, das du verschweigest,
mir auch...
Runzle die Stirne nicht tiefer, mein Freund, und
höre gefällig,
Was mich gestern ein Baum, dort an dem
Bache, gelehrt...«

Und dann beschreibt Goethe den Apfelbaum am Bach bei Schaffhausen. Er läßt den Baum sagen:

»O verletze mich nicht! den treuen Gartengenossen,
Dem du als Knabe, so früh, manche Genüsse
verdankt.

O verletze mich nicht! du reißest mit dem
Geflechte,
Das du gewaltig zerstörst, grausam das Leben
mir aus.
Hab ich nicht selbst sie genährt, und sanft sie
herauf mir erzogen?
Ist wie mein eigenes Laub nicht mir das ihre
verwandt?
Soll ich nicht lieben die Pflanze, die, meiner
einzig bedürftig,
Still mit begieriger Kraft mir um die Seite sich
schlingt? . . .
Nahrung nimmt sie von mir; was ich bedürfte,
genießt sie,
Und so saugt sie das Mark, sauget die Seele
mir aus.
Nur vergebens nähr ich mich noch; die gewaltige
Wurzel
Sendet lebendigen Safts, ach! nur die Hälfte
hinauf . . .«

Und Goethe fühlt die Entsagung, die er im »Wilhelm Meister« so gültig beschrieb, nun selber und erleidet sie, leidet sie durch, bis er ganz in dem geliebten Menschen seine Freude wiederfindet:

»Sie nur fühl ich, nur sie, die umschlingende, freue
der Fesseln,
Freue des tötenden Schmucks fremder
Umlaubung mich nur.
Halte das Messer zurück! o Nikias, schone den
Armen,

der sich in liebender Lust, willig gezwungen,
verzehrt!
Süß ist jede Verschwendung; o laß mich der
schönsten genießen!
Wer sich der Liebe vertraut, hält er sein Leben
zu Rat?«

Die Größe des Charakters Goethes und seine hohe Ethik und Güte leuchten in reiner Schönheit in dieser melodisch klagenden Elegie. Denn es war auch eine Klage. Aber aus der Entsagung und Überwindung ersteht Goethes reines Menschentum. – Und Schiller? Er kannte und anerkannte Goethes Überlegenheit. Drei Jahre nach der Entstehung der Elegie schreibt Schiller (1800) an Charlotte Gräfin von Schimmelmann, die Gemahlin des dänischen Ministers, dem Schiller während einiger Jahre die Güte einer jährlichen Rente zu danken hatte: »Ich darf wohl sagen, daß ich in den sechs Jahren, die ich mit ihm (Goethe) zusammen lebte, auch nicht einen Augenblick an seinem Charakter irre geworden bin. Er hat eine hohe Wahrheit und Biederkeit in seiner Natur, und den höchsten Ernst für das Rechte und Gute...« Und dann am Ende seines Briefes berührt Schiller das Verhalten Goethes zu Christiane, dass er »in ein Verhältnis geraten, welches ihn in seinem eigenen häuslichen Kreise drückt und unglücklich macht, und welches abzuschütteln er leider zu schwach und zu weichherzig ist. Dies ist seine einzige Blöße, die aber niemand verletzt als ihn selbst, und auch diese hängt mit einem sehr edlen Teil seines Charakters zusammen.« –

Goethe erübte, zuweilen leidend, den »allgemeinen Begriff der Heiligkeit der Ehe«.

Was ist demgegenüber gemeintes oder gewünschtes Glück, wo es um so viel Höheres geht? Entsagung und Opfer sind die Daseinsgrundlagen der anderen Welt jenseits des »großen Flusses«. Christus vollbrachte das größte denkbare Opfer und baute die Brücke zwischen den Welten. Goethe, wohl wissend, was er damit tat, gab dem zweiten Teil seines im weitesten Wortsinne zu verstehenden Bildungsromans den erweiterten Titel »Wilhelm Meisters Wanderjahre oder die Entsagenden«. Im »Orden der Entsagenden« gilt es, »sich möglichst klar zu halten und diesem oder jenem Hang nicht unbedingt nachzugeben«, sondern »das Folgerechte zu suchen«. Dem Kenner Goethescher Werke und seines Lebens wird als Existenzgrundlage das bildende Motiv der Entsagung bewußt sein. Sie führt als Bote der geistigen Welt in sie hinein.

Betrachten wir die Wegstationen der sich übenden, bildenden Liebe zur ahnenden Gewahrwerdung der Welt der Engelhierarchien. – Es gibt das Wort der Mönche vom Athos: Der Kopf will immer etwas anderes, das Herz will immer dasselbe. Intellektuelle Abwechslung stellt den Menschen sich selbst »behauptend« auf sich. Die tägliche immerwährende treue Fürsorge um den anderen, die aus dem Herzen kommt, bildet das Wahrnehmungsorgan für die Engel, die doch den Menschen fürsorglich behüten; denn die »Imitation«, die Nachfolge, bildet Verwandtes an Verwandtem aus. Das Aussprechen dieser Zuneigung und Treue im Wohltun und Mitteilen ahnt das Wir-

ken der Erzengelkräfte, welche im Menschen die Sprachfähigkeit schufen. Der treu geübte, in »frommer Wiederholung« erneuerte Sinn des ersten Entschlusses füreinander führt zur menschlichen Urkraft der Gesinnung und läßt jene Geistgewalten ahnen, welche wir die Archai, die Urkräfte genannt haben. Die Gesinnungen aber führen zur Überzeugung.
Dieses Wort hängt mit dem andern, der Zeugung zusammen. Das Evangelium nach Matthäus beginnt: »Abraham zeugte Isaak. Isaak zeugte...« Der fromme Hebräer erlebte in der Zeugungsfähigkeit die Kraft der Elohim, welche auch die Erde und den Menschenleib (1. Mose 1) schufen. Über diese Kraft soll sich die Über-zeugung des menschlichen Geistes erheben. Aus Überzeugungen handeln, läßt die Gotteskraft der Elohim fühlbar werden. Aus Überzeugungen ein Erdenleben leben, bildet an der Leiblichkeit und der Physiognomie des Menschen, wie die Leibesbildung bei der Menschengeburt Elohimwirksamkeit offenbart. Wenn zwei Menschen durch treue langjährige Lebensgemeinsamkeit einander leiblich ähnlich geworden sind, obwohl sie nicht blutsverwandt waren – und man sieht es ja manchmal auf Bildern vierzig- oder gar fünfzigjähriger Ehejubiläen –, so wird eine Verwandtschaft sichtbar, die ihren Grund nicht in der Vergangenheit, sondern in der Zukunft hat. Solche Verwandtschaft bildet sich erst in langen gemeinsamen Jahren aus. Dann aber offenbart sie sich durch das Medium der bewegten Zeit bis in das irdisch Leibliche. In dem Kapitel über den Zeitenlauf zeigten wir, daß in der Zeit eine Engelhierarchie wirkt, welche die Bibel die Dynameis nennt. Sie be-

gründen in der Lebensgemeinsamkeit durch die Zeit eine Verwandtschaft, die nicht im gemeinsamen Blut ihren Ursprung hat. Obwohl nun jeder, der an dieser Lebensgemeinsamkeit Anteil hat, eine unverwechselbare Individualität ist, bildet sich eine zukünftige Menschengemeinschaft vor, in welcher Individuelles und Universelles sich nicht mehr ausschließen. Sie sind vielmehr in Harmonie gleichgestimmt: Individualität lebt nur durch Universalität und umgekehrt. Dem dient das Mysterium der Ehe, von dem Paulus schrieb, daß es »groß« sei (Eph. 5. 28 und 32).

Hier ist nun ein Wort über die Wirksamkeit der Engel überhaupt zu sagen. Friedrich Hölderlin fühlte und wußte, daß im Miteinanderleben der Menschen Geistiges sich ereignet, das weit über das Persönliche hinausreicht. So sprach er von einem Gott des Gesprächs. Und die intimen seelischen Ineinanderklänge und Gleichgestimmtheiten waren ihm mehr als anderen Menschen Erfahrung. Er, der weder Klassiker noch Romantiker war, weder philosophischer Idealist noch naiver Realist, sondern der einfach die geistige Wirklichkeit eines Pindar oder Sophokles in intensivster Sehnsucht und Mühe wiederzuerwecken suchte, nannte die geistig-seelischen Wirkungen »Götter«, wie man sie in der Antike immer erfahren und genannt hatte. Und er war verwundert, daß seine Zeitgenossen im philologisch gelehrten Hinblick auf das alte Griechentum zwar von »Göttern« aus Überlieferung sprachen und von den »Schönen Wesen aus dem Fabellande« (Schiller, »Die Götter Griechenlands«), aber nicht an sie glaubten, weil sie nicht mehr Erfahrung waren. Wie kann man aber von etwas zu

Recht sprechen, mit dem man keine Wirklichkeit mehr verbindet? Denen aber, die meinten, die Namen des Verehrungswürdigen und Heiligen nennen zu dürfen, ohne daran zu glauben, schreibt Hölderlin in gerechtem Zorn:

»Ihr kalten Heuchler, sprecht von den Göttern nicht!
Ihr habt Verstand! ihr glaubt nicht an Helios
Noch an den Donnerer und Meergott ...«

Die Götter oder Engel wirken aber. In der Gleichgestimmtheit einer Menschengemeinschaft, im gegenseitigen Zusammenklang von Ich und Gemeinsamkeit offenbart sich die Engelhierarchie der Kyriotetes, die ihr Wesen im Stiften von weisheitsvoller Harmonie ausleben.

Der ursprüngliche Wille Gottes aber, der in der Vergangenheit die Himmel und die Erde schuf, kommt uns nun aus der Zukunft entgegen. Seine Ankunft erbitten wir: »Dein Wille geschehe wie oben in den Himmeln, also auch auf Erden.« Es ist der göttliche Wille der Throne. In der zukünftigen Schöpfung dieses Gotteswillens sind Weisheit und Liebe dasselbe: Cherubim und Seraphim schaffen ineinander, was beim Erdenmenschen als Kopf und Herz noch getrennt ist. Dann wird man das Wort der Mönche auf dem Berge Athos abändern müssen: Der Kopf und das Herz wollen in erleuchteter Treue immer dasselbe ...

Diesen zukünftigen Menschheitszustand meinte Baruch Spinoza, als er das Wort »amor dei intellectualis« sagte. Das meinte auch Paulus: »Und der Friede Gottes, welcher höher ist als alle Vernunft, bewahre eure Gedanken und Empfindungen im Denken und Empfinden Christi« (Phil. 4,7). Das meinte auch Goethe, die Zukunft der Menschheit vor Augen, mit dem »allgemeinen Begriff der Heiligkeit der Ehe«. Besonders von diesem Begriff her versteht er die Christlichkeit seines Menschentums.

Die ganze Engelwelt kommt mit dem Auferstandenen, der die bildende Liebe ist, aus der Zukunft des Menschenwesens uns entgegen und baut die Brücke über den »großen Fluß«. Vielleicht wurde niemals das Wesen Christi gültiger als in dem Worte ausgedrückt:» Die Liebe herrscht nicht, aber sie bildet, und das ist mehr.« Sie bildet von jenseits, und sie bildet von diesseits die Brücke.

Die bildende Liebe wurde Mensch und wird immer mehr Menschheit werden. Damals vor zweitausend Jahren wies ein Verächter des Geistes, der noch kurz vorher seinen Zweifelsinn bestätigte: »Was ist Wahrheit?« (Joh. 18,38) auf die menschgewordene Liebe: »Siehe, der Mensch« (19,5). – Damals begann es: Die Liebe wurde Menschheit. Überall im Verlaufe der christlichen Geschichte zeigte sie sich, in Heiligen und Sündern, im ganz alltäglichen Menschtum leuchtete sie auf und wurde selbst von den Verächtern des Geistes und des Christentums bemerkt. Nicht, daß das Wort des Pilatus mit dem Napoleons gleichgestellt werden könnte oder auch nur verglichen. Aber wie kam es eigentlich, daß über die Lippen Napoleons bei seiner Begegnung mit Goethe kam: »Da, ein Mensch«?

Goethe wußte nicht, daß es eine Gepflogenheit Napoleons war, Schauspieler und überhaupt Künstler zum Dejeuner zu befehlen. So hat Goethe seine Begegnung mit dem Kaiser vielleicht in ihrer Bedeutung überwertet. Aber immerhin ließ Napoleon Goethe grüßen, als jener auf seiner Flucht im Winter 1812 nächtens durch Weimar fuhr. Die ungeheure militärische Katastrophe der »Großen Armee« und der Brand von Moskau ließen den Kaiser Goethe nicht vergessen. Von hier aus wird die Begegnung am 2. Oktober 1808 in Erfurt bedeutungsvoll. »Der Kaiser saß an einem großen runden Tisch frühstückend. Zu seiner Rechten stand Talleyrand, zu seiner Linken Daru, mit dem er sich zwischendurch über die preußischen Kontributationsangelegenheiten unterhielt. Er winkte Goethe, näher zu kommen, und fragte, nachdem er ihn aufmerksam betrachtet hatte, nach seinem Alter. Als er erfuhr, daß er im sechzigsten Jahre stehe, äußerte er seine Verwunderung, ihn noch so frischen Aussehens zu finden ...« (nach F. von Müller). Gewiß, Goethe beeindruckte schon durch seine äußere Gestalt. Seine Erscheinung muß ungewöhnlich gewesen sein. Aber das war es nicht allein. Napoleon sprach von der Mission des Theaters: »Das Trauerspiel sollte die Lehrschule der Könige und der Völker sein; das ist das Höchste, was der Dichter erreichen kann.« Gewiß, Goethe war ein großer Dichter. Aber das war es nicht allein. Napoleon bekam den Eindruck des universalen Wesens Goethes: »Jedesmal, wenn er über etwas sich ausgesprochen hatte, setzte er hinzu: Qu'en dit Monsieur Goet?« (Was sagt Herr Goethe dazu?). Und dann kommen jene Worte über des Eroberers Lippen: »Als nun Goethe endlich abtrat, hörte man den Kaiser

bedeutsam zu Berthier und Daru sagen: Voilà un homme!«
Heinrich Meyer berichtet in seinem Buch: »Goethe – das Leben im Werk« (Hans G. Günther Verlag, Stuttgart), daß dies Wort auch einmal so zitiert wurde: »Voilà un homme qui a eu des grands chagrins!« (Das ist ein Mensch, der große Trauer und Sorge durchgemacht hat). – Der Mensch in seinem Menschentum und mit seinen Leiden und Entsagungen, das ist der Nachfolgende Christi, wenn er mit Interesse und Mitgefühl die Schöpfung, die doch, so wie sie ist, um seinetwillen da ist, in seiner Seele leben läßt, um daran seine Liebe zu bilden. Die erkennende Verehrung des Sichtbaren, das ist Religion: »Mir aber möge man erlauben, daß ich den verehre, der in dem Reichtum seiner Schöpfung so groß war, nach tausendfältigen Pflanzen noch eine zu machen, worin alle übrigen enthalten, und nach tausendfältigen Tieren ein Wesen, das sie alle enthält: den Menschen. Man verehre ferner den, der dem Vieh sein Futter gibt und dem Menschen Speise und Trank, so viel er genießen mag. Ich aber bete den an, der eine solche Produktionskraft in die Welt gelegt hat, daß, wenn nur der millionste Teil davon ins Leben tritt, die Welt von Geschöpfen wimmelt, so daß Krieg, Pest, Wasser und Brand ihr nichts anzuhaben vermögen. Das ist mein Gott!« (zu Eckermann, 20. Febr. 1831). Die Verehrung des Sichtbaren führt zur Liebe für das Unsichtbare und zur Kultur, die »der Natur abgewonnen ist«. Das ist die Erscheinung des Christentums, die alles in sich einschließt, was war, was ist und was sein wird; denn in Christus »wohnt die

ganze Fülle Gottes leibhaftig« (Kolosserbrief 2,9). An die Kultur, »der Natur abgewonnen«, schließt Goethe als eine Konfession bewußt sein Christentum an; denn unmittelbar nach diesem Worte (zu F. von Müller, 7. April 1830) sagte er in aller Demut und mit aller Sicherheit seines Wesens: »Sie wissen, wie ich das Christentum achte, oder Sie wissen es vielleicht auch nicht; wer ist denn noch heutzutage ein Christ, wie Christus ihn haben wollte? Ich allein vielleicht, ob ihr mich gleich für einen Heiden haltet...«

INHALT

Gottfried Richter

Faust

Ein christliches Mysterium

»Gottfried Richter, bekannt und geachtet u. a. durch seine ›Ideen zur Kunstgeschichte‹, unternimmt in dieser lebendigen und fundierten Deutung des zweiteiligen Goethe-Schlüsselwerkes ›Faust‹ nichts geringeres als dies: zu erweisen, daß es sich beim ›Faust‹ ›um das erste moderne christliche Mysteriendrama handle‹. Richter greift damit einen Faden wieder auf, den vor über zwanzig Jahren Wilhelm Flitner in Hamburg so nachdrücklich schon gesponnen hatte, als er – nicht auf den ›Faust‹ ausschließlich begrenzt – vor seinen Studenten ›Goethes Lebensanschauung, Philosophie und Glauben‹ beim Namen nannte, hervorgeholt aus Goethes Lyrik und Drama ebenso wie aus seiner Prosa. Nach Flitner haben neuere Forscher den Blick weiter geschärft; speziell den Blick auf den ›Faust‹, dessen zweiter Teil dem ersten nahezu vollendet zu widersprechen scheint. Doch ist das in der Tat ›nur scheinbar‹ so. Es kann der zweite Teil des ›Faust‹ als eine aus abendländisch christlicher Meditation erarbeitete Darstellung gesehen werden, die in überzeitlichem Raum am Beispiel eines einzelnen Menschen die Evolution der Menschheit innerhalb der Gestaltungskräfte der Erde erfaßt und bewußt macht. Richters Interpretation ist so detailliert, daß der Leser einen tiefen Einblick in die gesamte Faustdichtung erhält.« *Reutlinger Generalanzeiger*

204 Seiten, Leinen

VERLAG URACHHAUS STUTTGART

Alfred Schütze

Von der dreifachen Ehrfurcht

Goethes Gedanken über Erziehung zu edlem Menschentum

I: Wilhelm Meisters Wanderjahre. II. Buch, Kapitel 1–2
II: Essay von Alfred Schütze: Goethe und die Ehrfurcht

Goethe führt uns in der »Pädagogischen Provinz« auf eigenen Wegen an die geistige Urtatsache der Dreieinigkeit heran, die er unbelastet von theologischen Traditionen findet, herzhaft-ursprünglich anpackt und mit künstlerischer Freiheit gestaltet. Die Wahrheit von der schöpferischen Kraft der Ehrfurcht beweist sich an ihm durch sich selbst. Sie wurde ihm als Erkenntnis-Frucht der eigenen durch Jahrzehnte geübten Ehrfurcht zuteil. Damit wird seine Konzeption von der dreifachen Ehrfurcht zu einem lebendigen Beweis für die Entfaltungsfähigkeit des Menschengeistes und seinen Zusammenhang mit der Welt der Wahrheit. In Werk und Leben hat Goethe die Berechtigung erwiesen, ohne Hybris zu bekennen, daß, wenn »die gesunde Natur des Menschen als sein Ganzes wirkt«, das Weltall, wenn es sich selbst empfinden könnte, »aufjauchzen und den Gipfel des eigenen Werdens und Wesens bewundern« würde. Darum darf er die Zusammenfassung der drei Ehrfurchten die oberste als die vor sich selbst bezeichnen, aus der sich wiederum die drei anderen ergeben, »so daß der Mensch zum Höchsten gelangt, was er zu erreichen fähig ist, daß er sich selbst für das Beste halten darf, was Gott und Natur hervorgebracht haben, ja, daß er auf dieser Höhe verweilen kann, ohne durch Dünkel und Selbstheit wieder ins Gemeine gezogen zu werden«.

60 Seiten mit zwei Zeichnungen von Archibald Bajorat, gebunden

VERLAG URACHHAUS STUTTGART